U0735861

AI

财务大师

智能财务管理与
数据分析全指南

谢永埮 著

汕頭大學出版社

图书在版编目（CIP）数据

AI 财务大师 ： 智能财务管理与数据分析全指南 / 谢永埈著 . -- 汕头 ： 汕头大学出版社，2025. 5. -- ISBN 978-7-5658-5587-0

Ⅰ . F232-62

中国国家版本馆 CIP 数据核字第 20258DK169 号

AI 财务大师 ： 智能财务管理与数据分析全指南

AI CAIWU DASHI : ZHINENG CAIWU GUANLI YU SHUJU FENXI QUAN ZHINAN

著　　者：谢永埈
责任编辑：胡开祥
责任技编：黄东生
封面设计：优盛文化
出版发行：汕头大学出版社
　　　　　广东省汕头市大学路 243 号汕头大学校园内　邮政编码：515063
电　　话：0754-82904613
印　　刷：三河市双升印务有限公司
开　　本：710 mm×1000 mm　1/16
印　　张：12.5
字　　数：180 千字
版　　次：2025 年 5 月第 1 版
印　　次：2025 年 5 月第 1 次印刷
定　　价：88.00 元
ISBN 978-7-5658-5587-0

版权所有，翻版必究

如发现印装质量问题，请与承印厂联系退换

PREFACE
前 言

在这个信息与技术瞬息万变的时代，财务人员常常感到自己被日常琐碎和反复无常的工作流程淹没。要处理各种多源数据，要排查发票和报销单，要应对领导随时抛来的紧急财务报告需求，还得腾出心力进行战略层面的分析和预判。

很多时候，我们并不缺乏专业知识或对行业的深度洞察，而是缺少能"解放双手"的方法与工具，让大家在重复性的机械作业中获得喘息之机。

过去，人们愿意相信财务是标准化业务，只要流程规范、报表精准，就无可指摘。可实际上，如今的财务部门所面对的是复杂多元且高度动态的现实，财务人要做到的远不只算账，更重要的是与业务部门携手推动公司前行。

有人说，AI 能轻松应对识别票据、填写报表这种杂活儿，让财务人员集中精力于真正重要的决策与分析。也有人担心所谓的智能工具无法真的落地，"别到头来只是又一个空喊的口号"。

其实，想要让 AI 融入财务工作，关键在于让它与我们自己的专业经验和判断力形成良性互补。AI 能干的往往是高频、重复且流程清晰的环节；财务人员依旧要把控风险、做出判断，把富有创造力和灵活性的部分牢牢掌握在自己手中，而不是把所有责任交给机器。

本书之所以取名为"AI 财务大师"，并不是要吹嘘某种高级算法能够一举取代人类财务岗，而是期望通过循序渐进的案例和方法，引导读者用更客观、更务实的方式去理解如何与 AI 工具协同工作。书中的每个章节都直击财务人的痛点，比如，常见的多源数据整合、杂乱格式的修正、海量公式的代算，甚至于资金管控、成本分摊等关键领域的运用。再往后，本书还会涉及财务分析和可视化，让那些原本枯燥的财务指标"开口说话"，把实时、交互式的内容呈现到管理层面前，实现更高效的沟通和决策。

如果你是一线财务人员，阅读过本书，或许就能体会到把写不完的表单扔给 AI 的轻松感，也能为自己腾出更多时间关注个人成长，关注业务本质；如果你是财务主管或负责人，或许也能在书中找到思路，重新审视自己的团队结构、岗位分工以及员工培养体系，引领团队走上更具持续价值的财务转型之路。也许在不久的将来，日常财务工作不再是疲于奔命地对账、跑报表，而是充满了对创新与洞见的追求。

最后要特意说明一点：在写作过程中，我们希望如实呈现 AI 工具在目前技术水平下所能完成的各类任务，因此书中保留了它所生成的回答原貌，尽量不加改动。由此带来的语法或措辞上的疏漏，还请读者海涵。此外，针对 AI 计算失误的实例，我们也加以少量呈现并指出问题所在。我们相信，这种"原汁原味"的呈现方式，能够让大家更直观地了解 AI 工具的真实表现。

CONTENTS

目　录

第 4 章

AI 财务数据分析：让数据开口"说话"

第 5 章

财务数据报告可视化：让每一次汇报都直击要点

第 6 章

AI 财务落地：打造"AI+"的财务工作流程

第**1**章

告别重复劳动：
初识 AI 财务的力量

· · · · · · · · ·

　　财务工作给人的印象，往往是盯着一大堆账单、表格、报表，日复一日地核对、记账、审批，遇到月末或者季末加班就更是家常便饭。其实，很多流程根本不需要耗费这么多人工，只是一直以来的习惯让我们接受了这种重复劳动。直到 AI 开始活跃在办公领域，人们才蓦然发现，原本以为离不开人工操作的各种琐碎项目，居然可以被 AI 高效处理。这是对财务工作方式的全新变革，也是让人重新审视财务角色的重要时刻。

1.1 财务人员为什么需要 AI？

财务基础工作向来被重复出现的日常任务所包围。每个月的账务处理、每季度的报表汇总、每年财务审计时的烦琐准备……这些任务似乎永无止境，但缺一不可，且容不得半点延迟。

正因如此，财务人员也一直在寻求更高效的工作方式，如图 1-1 所示。

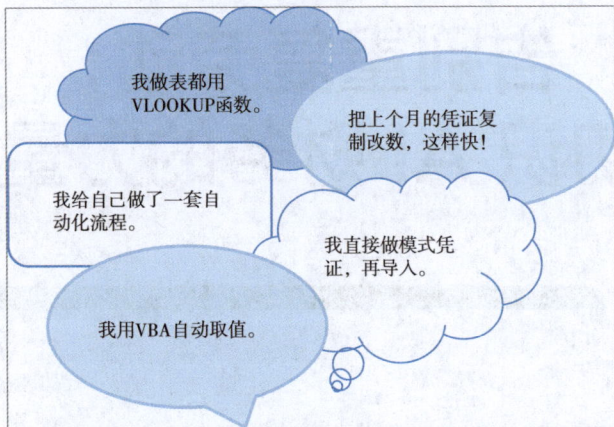

图 1-1　财务人员的工作效率提升妙招

总有人乐此不疲，不断尝试新的辅助工具，结果也确实令人从中受益。但事实上，这些小妙招始终无法解决根本问题——大量的重复性工作依然存在，且工作量随业务的拓展不断增加。

曾几何时，财务人员的工作还只是简单地出钱、收钱、记账、报税，最后出一份制式的报表。一切按部就班，几乎不需要额外的思考，可是如今的情形已经完全不同。

出纳不再只是记录资金进出，数据的分析成了日常任务的重心。每一笔交易、每一次支付的背后，都需要细致地分析，预测资金的流动趋势，评估公司可能面临的资金短缺风险，甚至需要尝试从这些数据中发现潜在的财务危机。显然，这已经超出了单纯收付资金的范畴。

　　会计的工作也不只是记账和报税。从利润表到现金流，从财务比率到预算执行，会计不仅要让每一份报表精确呈现数据，更要从中看出问题的症结，深挖公司经营的蛛丝马迹，辅助管理者进行决策。

　　其实，这是大数据环境下财务人员避不开的现实。我们正处在一个数据重构商业的时代，而这个时代催生出一个很有趣的理论，叫作"数据熵"。简单来说，数据熵是指数据的复杂性和不确定性。

　　随着企业规模的扩大和业务复杂性的增加，财务数据的熵值也在急剧上升。过去，财务人员可能只需要处理几百条交易记录，但现在可能是几百万条；不仅要面对财务部门内部的数据，还要与其他部门的数据信息进行对接、整合和分析。

　　所以，不少财务人员发现，即便是掌握了先进工具，自己需要面对的工作量和复杂度也在逐年攀升。更多的分析和更多的决策意味着更多的时间投入，原本为了减轻负担而做出的工具创新，反倒让人陷入忙碌的怪圈。面对这些隐藏着无数模式和规律的庞大数据集，单纯依赖传统的财务工具和人工操作显得力不从心。

　　于是，AI 的价值浮出水面——它可以帮助财务人员"降熵"，从混乱的数据中找到秩序。

　　举个例子，某零售企业交易流水数量惊人，每到月底结算时，财务人员总会被堆积如山的票据压得喘不过气。而管理者又希望能实时看到财报分析结果，不想等待冗长的核算过程。这种矛盾一时间无法解决，就算财务部门为此疯狂加班也无济于事，因为普通的记账软件虽能应付常规报表，却难以自动钩稽复杂数据，再怎么提高效率，那些基本工作还是需要靠人工去整理完成。

　　而 AI 系统的加入可以改善这种情况，AI 能够自动整理这些数据，汇总出结果。当大量无序的信息获得清理和整合之后，财务人员就能够集中精力进行策略分析，将更多的创造力投入高价值的决策活动中。

　　AI "降熵"的价值不只体现在减少财务人员的工作量上，更在于将杂乱无章的数据重新组合成更具洞察力的信息体系。假设某段时间企业利润率下降，却找不到具体原因。传统方法可能是逐个检查成本、销售数据，但 AI 能直接从数百万条交易记录中挖掘出异常，比如，特定客户的订单金额在缩小，但单价未变，导致平均利润下降。这种微妙的变化，如果靠人工发现，可能需要耗费大量时间，但借助 AI 则只需要一个指令。

甚至可以说，AI 还能发现人们原本从未考虑过的方向，比如，某款产品的销售高峰是否与天气变化有关？某个地区的销售额上升是否与该地区的传统民俗活动相关？这种数据挖掘能力让财务工作的价值一下子得到了升华。

所以，思考"财务人员为什么需要 AI"这个问题，实际上也是在思考财务职能转型这个话题。过去，财务人员在角色定位上只是信息的记录者和传递者，如今则成为数据的探路者，真正做到了支持企业决策和管理，甚至能引导企业的业务发展方向。而 AI 恰好是这个转型的契机。

1.2 AI 工具能帮财务人员做哪些事？

近年来，生成式 AI 工具如同雨后春笋般陆续出现。从 ChatGPT 到文心一言，再到 2025 年 1 月新上线的 DeepSeek，这些 AI 工具以出色的语言理解能力获得广泛关注，给人们的生活和工作带来了全新体验，财务领域也迎来了前所未有的改变。

前面提到 AI 工具能帮财务人员降熵，那具体到工作内容上，都包括哪些任务呢？如图 1-2 所示。

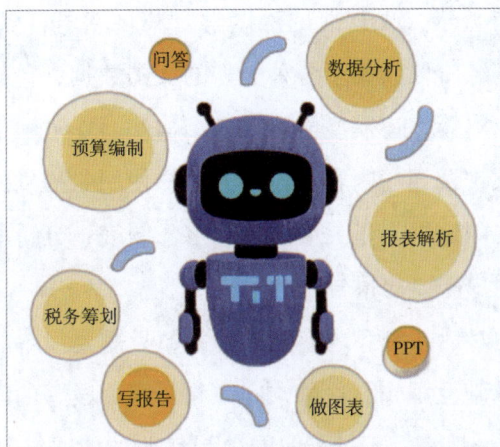

图 1-2　财务人员能利用 AI 工具做什么

　　AI 工具最引人关注的功能就是语义理解，也就是对话系统。用户发出指令，AI 可以轻松理解指令的意思，并做出相应的答复。

　　比如，财务人员在开具发票时遇到问题，直接向 AI 工具提问，就能得到 AI 工具基于相关政策和过往案例给出的详细说明，省去了查阅相关政策规定的过程。除此之外，关于预算调整、税务申报等方面的问题，甚至是遇到电脑卡顿、蓝屏等情况，财务人员都能从 AI 工具处获得解决方案。之所以能够实现这一点，得益于自然语言处理模型在深度学习时代的进步，让AI 在大量文本中学会了"理解"词句之间的上下文关系，并依据关键词从庞杂的信息库中抽取最相关的部分。这就相当于给每位财务人员配备了一个工作小助手，随时帮忙排忧解难。

　　另一个能帮财务人员节省大半时间的功能是内容生成功能，包括但不限于文本生成、表格生成、PPT 生成等。

　　过去，撰写报告动辄需要好几小时。可打开 AI 工具，只需要把相关主题、数据和其他信息填入对话框，没多久就能收到一份像模像样的稿子。标题、摘要、结论这些都有，甚至 AI 还提炼了几个核心问题，供进一步讨论。稍微润色一下，稿件就能用于正式场合。图表和 PPT 的生成同样简单，我们只需将数据导入，AI 就能自动做成表格，还能进行数据计算，连 PPT 都能帮忙套用统一模板。

这些功能都得益于人工智能的深度学习和自然语言生成技术。AI工具研究机构在模型训练阶段收集了各种类型的文本数据，包括财务报告、行业报告、商业分析范本等，让模型学习语言结构和写作逻辑，通过概率和语义关联生成相对通顺、合规的内容。再加上用户使用时提供的具体数据，几秒之内，模型就能在固定框架里灵活插入数字、图表、分析要点，自动编排句子和段落，生成用户需要的报告。

以上所介绍的对话系统和内容生成功能，只需要简单的提问就能帮助财务人员完成大半基础性工作。这种"问一句，答一段"的简便操作，确实给人带来了快速上手的惊喜。不过，如果对AI工具的使用仅仅停留在这些层面，未免有点儿大材小用。别忘了，AI"降熵"的价值不只体现在人工操作工作量的减少上，更在于将杂乱无章的数据重新组合成更具洞察力的信息体系，也就是体现在辅助决策上。所以，AI工具所能做的远不止于上述功能范畴。

很多时候，财务人员在进行数据分析时的难点并不是缺数据，而是因为数据量太大而无从下手，不知道哪些数据有用、哪些数据无用，难以精准地提炼出那些藏在角落里的关键信息。AI工具出现后，恰好能解决"取舍"的难题，在较短时间内对杂乱的信息降熵。

以预算编制工作为例，预算编制一般是在年初或者季度初做出之后一个周期内的规划，对各部门、各项目的开支及收入走向进行预测，等到预算执行期结束再来对比预实差距。这个过程涉及大量数据，比如，历史财务指标、市场环境信息、部门需求报表，还有各种不可控因素。财务人员需要登录多个管理系统，与各业务部门反复沟通，改来改去，一忙就需要几天。

有了AI工具，多源头的数据可以融合在同一个平台上，通过算法分析评估风险，自动计算各种假设下的可能结果。这样一来，财务人员就省下了大把时间，把精力聚焦在判断和决策上，也能及时发现潜在问题。

除了预算，业绩预测也属于高价值的工作内容。很多财务人员其实明白，企业经营不是简单以"当期收支"就能说明一切的，还要考虑市场趋势、行业对比、竞争环境，甚至消费者心理变化等各种因素。

AI具备深度学习和数据挖掘的能力，能从成千上万条交易记录和外部指标中找出隐性规律，给出一份基于概率的预测分析。比如，有些零售企业会发现，当节假日线上流量激增时，线下门店某些品类的销量反而会下滑，这背后涉及消费者行为学。如果按照原本的工作方式，财务人员根本无法拿着上百万条数据去逐一对比，AI 却可以在短时间内识别出这种趋势，辅助企业更精准地安排促销策略与备货计划。

当然，也不是说所有事情都能完全依赖 AI 工具，有些复杂的问题还是需要人脑去判断。但工具提供的那些自动化、智能化的功能，已经让财务工作变得更简单、更高效。更何况，AI 工具还在不断更新迭代，每次新版本上线，都会带来一些意想不到的新功能。具体还有哪些更加细节的工作能用 AI 工具帮忙解决，还需要财务人员自行探索开发。

1.3 AI 工具有使用门槛吗？

之前已经介绍过 AI 工具一方面能帮忙自动生成报告，另一方面还能进行数据分析，甚至连预算编制、业绩预测都能辅助。这些功能听起来很强大，但问题来了——要实现这些功能，到底有没有技术门槛？

毕竟 AI 听起来就离不开算法、模型方面的知识，财务人员平时也不是搞程序开发的，难道得像学 Excel 和 Python 代码那样，再花一段时间去研究 AI，才能玩转这些高级功能吗？

很多人确实会有这方面的顾虑，毕竟财务人员平时一到月底就加班熬夜，对账、做报表、处理各种杂事，已经够忙了，如果为了使用 AI，大家还要抽出一定时间系统学习，不太现实。

过去人们都把 AI 看作"高精尖"技术，尤其是网上一些研究人员对模型、算法进行深度演示，确实满屏幕都是复杂的数学公式和编程代码，让人直呼看不懂。但那是 AI 研发阶段的画面，现在许多落地的商业化 AI 工具，已经走向"封装式""对话式"体验。

对普通用户而言，AI 工具更像一个会聊天的机器人，操作起来与在手机 App 里搜索信息差不多，只要在前端界面点几下鼠标，输入几行文字，就能让 AI 系统返回一个结果，不需要自己去思考模型怎么跑、算法如何运行。这种用户和后台之间的隔离，正是现代 AI 工具的优势之一。

所以，只要能把需求表达清楚，就算学会使用 AI 工具了。

下面以 DeepSeek 为例，展示 AI 工具的基础操作。登录 DeepSeek 网页版，主页面就是一个简单的聊天对话框，如图 1-3 所示。

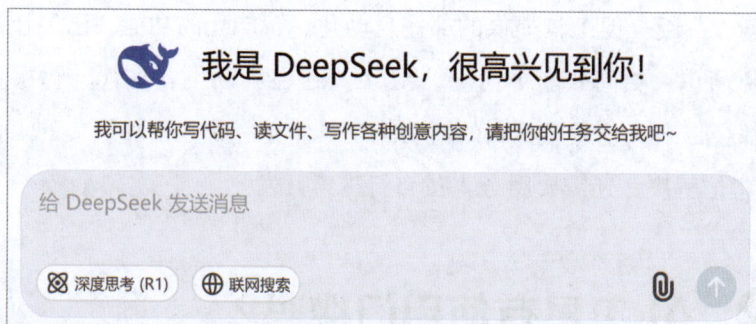

我是 DeepSeek，很高兴见到你！

我可以帮你写代码、读文件、写作各种创意内容，请把你的任务交给我吧~

给 DeepSeek 发送消息

⊗ 深度思考 (R1)　　⊕ 联网搜索

图 1-3　DeepSeek 主页面

页面给人的第一印象非常简洁，中央有一个明显的对话框区域，上方用简明的文案介绍了"我可以帮你写代码、读文件、写作各种创意内容，请把你的任务交给我吧"。

在对话框底部，有"深度思考（R1）"按钮，代表了 DeepSeek 的特定算法模式。当用户需要一个更详尽或带有推理过程的回答时，AI 系统会尝试以更深入的方式给出思路和建议。比起普通的对话模式，深度思考模式耗时稍长，但回答往往更详细、更有逻辑层次。

而"联网搜索"功能，是指 DeepSeek 能够连接到网络，通过外部数据查找来补充答案。比如，在处理财务问题时，用户输入"查询最新的税务法规变化"，DeepSeek 会结合自己的内部模型与网络检索，将最新的政策条文或官方链接整合到回答中，帮用户省去自行搜索比对的麻烦。

再看对话框右侧那个像回形针一样的按钮，是"上传附件"按钮，允许用户把 PDF、Word、Excel 等文档上传，DeepSeek 可以直接浏览文档内容，回答问题。比如，这一操作可以用来让 AI 提炼财务报表里的关键数据，或指出文档中数字异常的地方。

页面的左侧是侧边栏的开启按钮和开启新对话的功能键，用户的核心操作还是围绕中间的聊天框展开的。

页面左下角是个人账户，注册或登录自己的账户，可以进行系统设置，或者一键删除所有对话，有任何问题也可以在这里反映给 DeepSeek 后台。

DeepSeek 的操作方式就跟聊天一样。用户在输入框里提出问题或任务，例如，"帮我写一段财务培训会议的开场白"或"这段文本里有哪些关键财务指标要注意"。发送后，DeepSeek 会在几秒钟内返回一个相应答复，可能是一段文字解释，也可能是结构化的要点罗列，如图 1-4 所示。

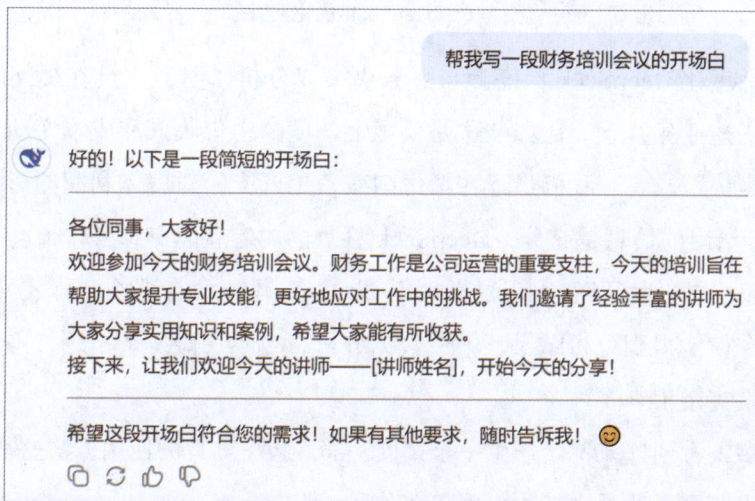

帮我写一段财务培训会议的开场白

好的！以下是一段简短的开场白：

各位同事，大家好！
欢迎参加今天的财务培训会议。财务工作是公司运营的重要支柱，今天的培训旨在帮助大家提升专业技能，更好地应对工作中的挑战。我们邀请了经验丰富的讲师为大家分享实用知识和案例，希望大家能有所收获。
接下来，让我们欢迎今天的讲师——[讲师姓名]，开始今天的分享！

希望这段开场白符合您的需求！如果有其他要求，随时告诉我！😊

图 1-4 DeepSeek 对话演示

对话页面下方会出现"复制""重新生成""喜欢""不喜欢"的功能按钮。

如果该内容合适，可以选择"复制"，粘贴到自己的报告中；如果对内容不满意，可以选择"重新生成"，让 DeepSeek 重新回答我们所提出的问题。

如果用户认为 DeepSeek 的回答过于宽泛，或者想深入挖掘某个细节，可以在同一个对话窗口里继续提问。DeepSeek 会记住上下文，提供进一步修改或者补充内容后的版本。

比如，向 DeepSeek 提问："本次财务培训的主题是人机协作，邀请了集团各事业部的全体财务人员，重新优化开场白。"

DeepSeek 马上就能基于先前内容生成一份更新版，如图 1-5 所示。

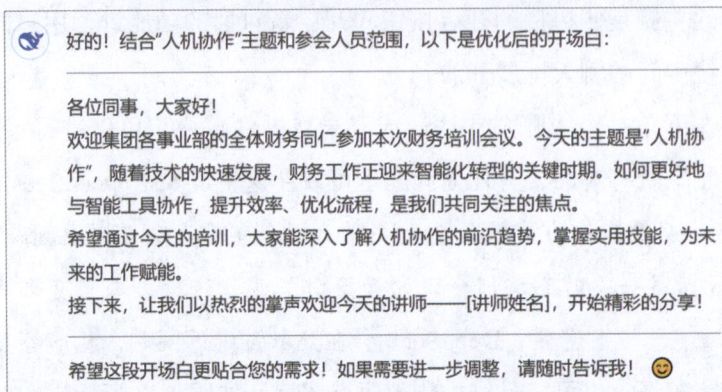

> 好的！结合"人机协作"主题和参会人员范围，以下是优化后的开场白：
>
> 各位同事，大家好！
> 欢迎集团各事业部的全体财务同仁参加本次财务培训会议。今天的主题是"人机协作"，随着技术的快速发展，财务工作正迎来智能化转型的关键时期。如何更好地与智能工具协作，提升效率、优化流程，是我们共同关注的焦点。
> 希望通过今天的培训，大家能深入了解人机协作的前沿趋势，掌握实用技能，为未来的工作赋能。
> 接下来，让我们以热烈的掌声欢迎今天的讲师——[讲师姓名]，开始精彩的分享！
>
> 希望这段开场白更贴合您的需求！如果需要进一步调整，请随时告诉我！ 😊

图 1-5　DeepSeek 优化回答

如果想让 DeepSeek 深度参与财务决策或分析，财务人员在提问时需要尽可能描述业务背景，比如"这是公司上季度的销售收入和成本变动，请找出异常走势"或者"我们最近在考虑削减营销开支，对整体利润的影响会有多大"，给出的信息越充分，DeepSeek 答复的内容就越有参考价值。

从以上操作可以看出，这种对话式 AI 工具并没有那么"深不可测"，一条指令就能得到分析结果，不用数据分析，也不用敲复杂指令，围绕一个对话框就搞定了。

很多人看到这儿不禁产生一个疑问："既然 AI 工具的使用方法这么简单，是不是没有财务背景也能去做财务工作了？"

其实不然，操作门槛低并不意味着财务工作的价值降低。同样是从事财务工作，专业知识掌握得越牢靠的财务人员，对 AI 工具的使用开发越灵活。

因为能不能用好 AI，还得看提问是否精准。就像有人用搜索引擎一样，如果搜索关键词没选好，得到的内容也会驴唇不对马嘴。同样的道理，如果财务人员本身对业务需求、准则规范和核心指标不够熟悉，那么就算 AI 生成一堆内容，也可能是泛泛而谈。只有当财务人员明白自己的业务目标在哪里、哪些数据对企业而言至关重要，AI 给出的回答才具备真正的洞察力。

同时，专业素质越强，对答案的甄别能力也越高。别忘了 DeepSeek 主页面最下面的那句话："内容由 AI 生成，请仔细甄别。"AI 不是百分之百正确的，离不开人类的判断。

回到"AI 工具有使用门槛吗？"这个问题，实话说，从操作层面来看，使用门槛并没有我们想象得那么高。现在的 AI 工具基本走的是"开箱即用"路线，连安装都省了，直接打开网页就能实现大部分需求。只要愿意尝试，并稍微摸索一下，绝大多数人能在短时间内上手。

若要说真正的门槛，更多体现在心态上。财务人员需要放下学习新工具、新技术的畏难情绪，把 AI 工具当成日常工作的助手，逐步将其融入自己的日常工作流程。

AI 工具还在持续更新迭代，未来不排除有更智能、更好用的功能出现，到那时，财务人员只要保持学习心态，就能持续享受到减负与增效的好处，形成真正的"人机协作"工作方式。

1.4　试试这些小任务，迈出 AI 财务第一步

"纸上得来终觉浅，绝知此事要躬行。"看到这里，财务人员不妨自己动手，做一些小任务，看看 AI 工具到底能不能真帮上忙。

任务 01　与 AI 工具互动

与其上来就直接聊财务数据，不如先跟 AI 工具互动一下。比如，让它写一篇朋友圈文案，作一首诗，或者讲一个笑话，如图 1-6 所示。

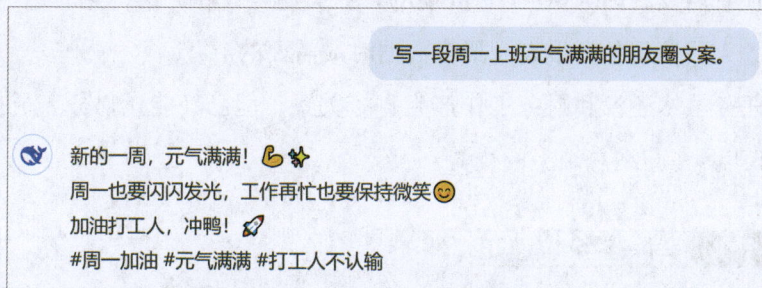

写一段周一上班元气满满的朋友圈文案。

新的一周，元气满满！👍🦋
周一也要闪闪发光，工作再忙也要保持微笑😊
加油打工人，冲鸭！🚀
#周一加油 #元气满满 #打工人不认输

图 1-6　DeepSeek 生成朋友圈文案

这一步没有任何门槛，也不需要任何专业知识，纯属娱乐性质，却能让财务人员快速熟悉与 AI 对话的方式，体验输入一句话就能得到一段新奇回复的满足感。

任务 02　简单信息搜索

如果觉得跟 AI 对话还挺顺手的，接下来可以随便找个自己感兴趣的主题，如"日常健康管理"或"周末自驾游的路线"等，尝试用 AI 工具获取需要的信息，如图 1-7 所示。

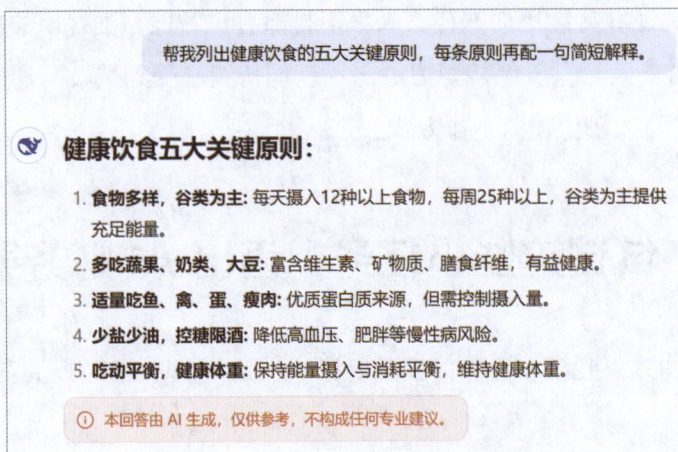

> 帮我列出健康饮食的五大关键原则，每条原则再配一句简短解释。

健康饮食五大关键原则：

1. **食物多样，谷类为主：** 每天摄入12种以上食物，每周25种以上，谷类为主提供充足能量。
2. **多吃蔬果、奶类、大豆：** 富含维生素、矿物质、膳食纤维，有益健康。
3. **适量吃鱼、禽、蛋、瘦肉：** 优质蛋白质来源，但需控制摄入量。
4. **少盐少油，控糖限酒：** 降低高血压、肥胖等慢性病风险。
5. **吃动平衡，健康体重：** 保持能量摄入与消耗平衡，维持健康体重。

ⓘ 本回答由 AI 生成，仅供参考，不构成任何专业建议。

图 1-7　DeepSeek 生成健康饮食原则

以上回答展示了 AI 工具如何把零散信息自动整合成条目式或段落式的内容。这个过程对财务人员以后用 AI 工具辅助完成财务报表制作或业务数据梳理很有启发，因为 AI 工具展现的"抓关键点"和"结构化表达"能力，正是财务人员处理各类报表、聚合数据时最需要的。

该任务虽然还没和财务工作产生直接关系，但已经能让财务人员提前感受到 AI 工具在归纳总结上的优势。

任务 03　写一封会议通知邮件

在正式应用 AI 工具辅助财务工作前，不妨先从最常见的办公应用试试身手。假设现在需要撰写一份会议通知，将这个需求抛给 AI 工具，看看它能不能根据你的指令拟好初稿。

在发出指令的时候需要将具体的信息写清楚。

比如，"请写一封会议通知邮件，主要是通知运营部和市场部本周五早上 9 点开会，会议时长一个小时，主题是讨论新财年预算编制事宜。语气要礼貌，但要让大家重视"。

AI 工具随即会生成一封带有"称呼—正文—落款"结构的邮件草稿，如图 1-8 所示。

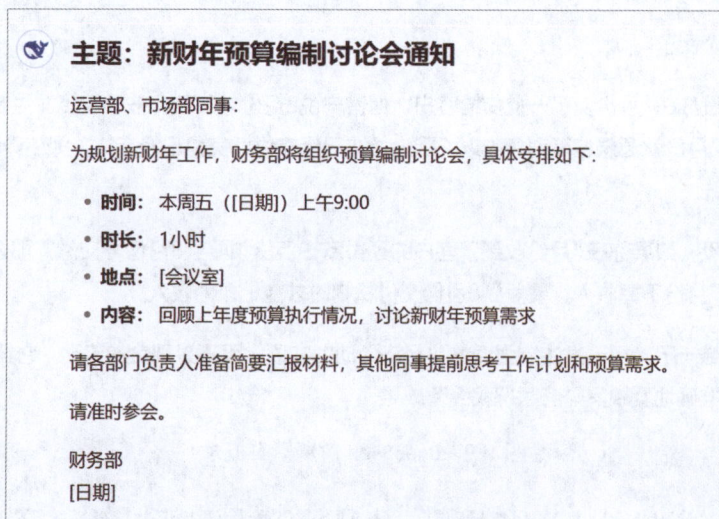

> **主题：新财年预算编制讨论会通知**
>
> 运营部、市场部同事：
>
> 为规划新财年工作，财务部将组织预算编制讨论会，具体安排如下：
>
> - **时间：** 本周五（[日期]）上午9:00
> - **时长：** 1小时
> - **地点：** [会议室]
> - **内容：** 回顾上年度预算执行情况，讨论新财年预算需求
>
> 请各部门负责人准备简要汇报材料，其他同事提前思考工作计划和预算需求。
>
> 请准时参会。
>
> 财务部
> [日期]

图 1-8　DeepSeek 生成会议通知邮件

AI 工具根据我们提供的内容，给出了简单的邮件草稿，如果觉得这份草稿有任何不足，可以继续补充要求。

比如，"再加一句'请在周三前回复是否能到场'，并强调会议重要性，希望大家重视"。AI 工具会立刻更新邮件文本，直到用户满意为止。

透过这个小任务，财务人员能够直观感受到，只要把需求描述得够具体，AI 工具就能写出符合场合需求的文案。财务人员平时经常需要通知其他部门提交报销单据、汇总数据信息等，AI 工具能帮助财务人员在此类重复性公文写作场景中节省时间。

任务 04　解释财务概念

经过前面 3 个相对轻松的任务，或许你还想验证一下：AI 工具真的懂财务吗？此时可以给出一个专业名词或准则条款，看看 AI 工具能否给出清晰易懂的解释。

比如，你输入："什么是权责发生制？请用简单通俗的语言举例说明。"

AI 工具会根据指令要求，给出一个大白话的解释，如图 1-9 所示。

权责发生制是一种会计原则，指的是在经济活动发生时记录收入和费用，而不是在实际收到或支付现金时记录。简单来说，就是"事情发生就记账，不管钱到没到"。

举个例子：

假设你在7月份卖了一批货给客户，但客户说8月份才付款。按照权责发生制，你会在7月份就记录这笔销售收入，因为货物已经交付，交易已经完成，即使你还没收到钱。

相反，如果你在7月份收到了客户的预付款，但货物要到8月份才交付，那么这笔钱在7月份不算收入，要等到8月份交付货物时才能记录为收入。

总结一下，权责发生制强调的是经济活动的实质，而不是现金的流动。它帮助企业更准确地反映其财务状况和经营成果。

图 1-9　DeepSeek 解释财务概念

可以看到，AI 工具对于权责发生制的理解是相对准确的，也用了一个简单易懂的事例来解释。通过这个测试，财务人员既可以初步判断 AI 在财务知识上是否有谱，也能开始练习如何对答案进行甄别核实。毕竟，AI 只是一种语言模型，虽然能在答案里综合已有资料进行解释，但不排除会因资料之间相互矛盾、混淆或内容比较陈旧等情况而出现错误。财务人员要做的就是识别错误信息并予以纠正。

任务 05　整理一份流水账

现在让我们更靠近一些专业需求，先从最简单的数据归纳与计算开始。假设有一家公司的流水账目，记录了某年 1 月份各个部门的收入和支出情况，如表 1-1 所示。

表 1-1　公司 1 月份各部门收入和支出流水明细

日期	部门	交易类型	金额（元）	备注
01-05	销售部	支出	10000	业务差旅费
01-07	销售部	收入	2000	销售订单收入
01-08	信息部	支出	3000	设备维护费
01-09	销售部	收入	15000	销售订单收入
01-11	市场部	支出	1000	市场调研费用
01-17	研发部	收入	8000	项目补助收入
01-19	财务部	支出	120	交通费
01-20	市场部	收入	5000	品牌合作收入

为了更直观地感受 AI 工具在数据归纳与计算方面的作用，财务人员可以把这份流水账复制到对话框里，要求 AI 工具："依据以上流水记录，请计算出公司 1 月份的总收入、总支出和结余。"

AI 工具接到指令后，自动扫描文本中的数字与关键词，进行数学运算和逻辑归纳，最终给出总体统计的数据，如图 1-10 所示。

根据提供的流水记录，我们可以计算出本月的总收入、总支出和结余：

总收入 = 所有收入金额的总和
= 2000（01-07）＋ 15000（01-09）＋ 8000（01-17）＋ 5000（01-20）
= **30000元**

总支出 = 所有支出金额的总和
= 10000（01-05）＋ 3000（01-08）＋ 1000（01-11）＋ 120（01-19）
= **14120元**

结余 = 总收入 - 总支出
= 30000 - 14120
= **15880元**

因此，本月的总收入为30000元，总支出为14120元，结余为15880元。

图 1-10　DeepSeek 归纳计算财务收支

经过加减计算核验，AI 工具的输出结果准确无误。整个过程无须编写复杂的公式或程序，只需用简单的语言描述需求，财务人员就能体验到即时获得结构化结果的便捷。由此可见，AI 工具是可以辅助财务人员进行表格数据归纳和计算的。如果需要的话，它还能根据指令直接生成一张表格，省去了财务人员从零开始制作表格的烦琐过程。

当熟悉了这种数据归纳的操作方式以后，在面对真正的公司流水账、财务报表时，财务人员就能顺畅地让 AI 帮忙出个草稿，然后再进行进一步深入分析和决策。

当你顺利完成了以上 5 个小任务，基本就能感受到 AI 工具对财务工作的潜在价值。此时，有几个问题值得思考。

①哪些环节让我省下了更多时间？

②在哪些地方 AI 回答不够准确，需要我提供额外信息？

③有没有出现我没想到的惊喜？比如，AI 提供了额外的思路。

④在真实工作中，我能否把这些小任务变成固定流程的一部分？比如，每次初步汇总数据都让 AI 先做第一版。

说到底，这 5 个任务的目的不仅仅是让财务人员熟悉 AI 工具的功能，更重要的是让财务人员开始习惯与 AI 进行交互，并学会如何将 AI 的输出结果融入日常工作，这才算迈出了 AI 财务的第一步。

在这里提醒各位已经跃跃欲试的财务人员，在使用 AI 工具的过程中，注意保护公司的隐私。不必拿公司最核心、最敏感的数据做实验，可先用小样本或脱敏后的数据，确保安全，也方便轻松试错。

第 2 章

AI 财务数据整理：
快速完成耗时的基础工作

· · · · · · · · · ·

　　财务人的日常大多离不开各种表格，每到月底或季度末，财务人就需要硬着头皮去重、核对日期、补充缺漏，所有人都在催进度，真是连喘口气都难。随着 AI 技术逐渐融入办公领域，情况开始有了转机。从一键归类多源信息，到帮你发现冗余指标，再到标准化格式和识别账单里潜藏的异常值，这些过去耗费大量时间才能完成的琐事，如今能用更智能的手段在短时间内解决。

2.1 多源数据一键整合

很多财务人碰到过这种情况：公司规模一扩大，各部门的数据就成了一盘散沙，谁和谁都无法直接匹配核对。每到月末或季度末，财务人员合并这些信息前，都得先把那些五花八门的字段名对上号，再逐条核对金额来源，费时费力，还容易出错。更别提有时一个部门更新了表格格式，却没有通知财务部，导致整份数据都不兼容。

面对这种多源数据整合难题，传统做法就是人工比对，或者编写代码，实现部分自动化。现在有了 AI，这项以往耗时冗长的工作，或许可以在短时间内变得相当简单。

下面我们用一个具体案例来演示如何通过几轮简短的对话，让 AI 从几份分散的数据文件中一键完成归类整理。

○ 【案例背景】

假设有一家名为宏景电子的中型企业，营销部门平时用 Excel 维护投放费用、销售回款等记录，字段名称五花八门，例如，"投放费用（广告）""市场支出""回款金额"等；采购部门的数据记录在从 ERP 里导出的文件中，含"供应商支出""原材料采购费""杂项开支"等科目；电商渠道另有一份 CSV 文件记录线上订单收入、平台扣点、客户退款等信息，这些字段与财务软件的会计科目并不完全对应。

财务部门在月末需要合并多条业务线的收支信息，再将整合之后的内容导入正式的财务管理系统。每次都得改字段名或重新分类，错误时有发生，耗费大量时间。现在想尝试用 DeepSeek 来简化多源数据整合的过程。

○ 【任务演示】

任务 01　准备需要合并的数据并提问

初步检查各部门发送的文件，确认每个文件里都至少包含日期、金额、项目名称或类似字段，并将数据转换成可复制粘贴的文本。

在 DeepSeek 对话框中输入："我有三份表格的数据，想做统一分类和汇总，最终想要一个包含'日期、来源、科目名称、金额、备注'的整合表。能否帮我完成这个任务？"

这时，DeepSeek 可能会要求你告知具体文件或数据片段，并询问你期望如何对数据进行分类等问题，如图 2-1 所示。

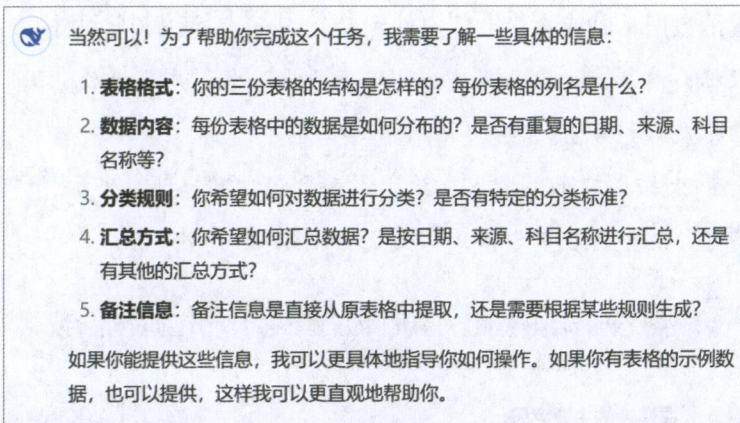

> 当然可以！为了帮助你完成这个任务，我需要了解一些具体的信息：
>
> 1. **表格格式**：你的三份表格的结构是怎样的？每份表格的列名是什么？
> 2. **数据内容**：每份表格中的数据是如何分布的？是否有重复的日期、来源、科目名称等？
> 3. **分类规则**：你希望如何对数据进行分类？是否有特定的分类标准？
> 4. **汇总方式**：你希望如何汇总数据？是按日期、来源、科目名称进行汇总，还是有其他的汇总方式？
> 5. **备注信息**：备注信息是直接从原表格中提取，还是需要根据某些规则生成？
>
> 如果你能提供这些信息，我可以更具体地指导你如何操作。如果你有表格的示例数据，也可以提供，这样我可以更直观地帮助你。

图 2-1　DeepSeek 询问任务具体要求

这就需要你更准确地描述分类需求，比如，在分类规则方面，营销相关的一律归入"市场推广"，采购原材料一律归到"原材料成本"，电商渠道收入可以放进"线上销售收入"等，具体根据自己的合并需要来确认规则。之后，直接粘贴数据至对话框或者上传表格附件即可。

任务 02　逐段粘贴数据并下指令

在真实的工作场景中，一般数据量比较大，可以采用逐段粘贴数据并下指令的方式，重复执行以下操作。

①营销数据。

假设营销数据如表 2-1 所示。

表 2-1　公司营销部门数据

日期	项目名称	广告投放费用（元）	回款金额（元）
01-05	春节促销计划	3000	5000
01-10	新媒体投放	2000	0
01-12	电商渠道推广	5000	6000
01-15	线下促销活动	1000	0
01-18	客户小礼品	500	0

将营销数据粘贴或直接上传附件到 DeepSeek 对话框中，并输入："这是营销部数据，请帮我读取并提炼出主要字段。注意'广告投放费用'要归类为'市场推广'科目。"

DeepSeek 按照之前的要求，给出了一个包含"日期、来源、科目名称、金额、备注"的整合版本表格，如图 2-2 所示。

好的，根据你提供的数据，我会帮你提取主要字段，并将"广告投放费用"归类为"市场推广"科目。以下是处理后的结果：

提炼后的主要字段：

日期	来源	科目名称	金额(元)	备注
01-05	营销部	市场推广	3000	春节促销计划
01-10	营销部	市场推广	2000	新媒体投放
01-12	营销部	市场推广	5000	电商渠道推广
01-15	营销部	市场推广	1000	线下促销活动
01-18	营销部	市场推广	500	客户小礼品

图 2-2　DeepSeek 整合营销数据

②采购数据。

假设采购数据如表 2-2 所示。（其中，供应商品牌均为虚构。）

表 2-2 公司采购部门数据

日期	供应商名称	供应商支出（元）	采购用途
01-04	美通原料	12000	原材料款
01-08	广鑫塑胶	8000	零配件费
01-19	科内电子	5000	电子配件
01-21	美通原料	3000	加急订单材料

注意，这张表格里存在重复录入的数据。方式同上，只不过在 DeepSeek 对话框中输入的指令有所区别："这是采购部数据，请帮我读取并提炼出主要字段，将'供应商支出'归到'采购成本'。"

DeepSeek 同样给出了整合版本的表格，如图 2-3 所示。

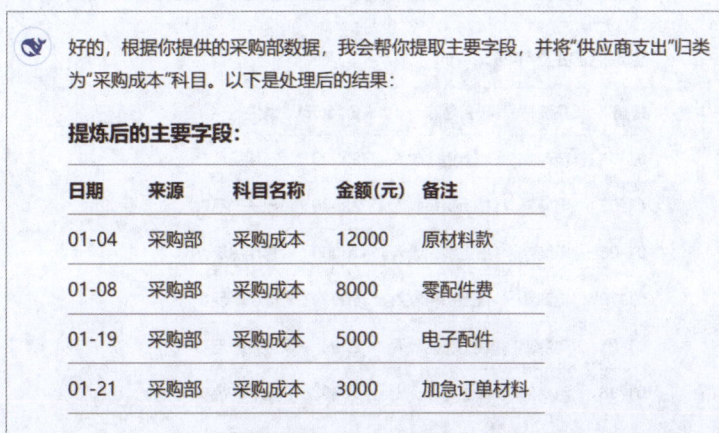

好的，根据你提供的采购部数据，我会帮你提取主要字段，并将"供应商支出"归类为"采购成本"科目。以下是处理后的结果：

提炼后的主要字段：

日期	来源	科目名称	金额(元)	备注
01-04	采购部	采购成本	12000	原材料款
01-08	采购部	采购成本	8000	零配件费
01-19	采购部	采购成本	5000	电子配件
01-21	采购部	采购成本	3000	加急订单材料

图 2-3 DeepSeek 整合采购数据

③电商数据。

假设电商数据如表 2-3 所示。

表 2-3　公司电商部门数据

日期	产品	订单收入（元）	客户退款（元）
01-04	日用品 A	30000	0
01-08	电子产品 B	25000	5000
01-08	日用品 B	10000	2000
01-19	电子产品 A	5000	0
01-21	配件产品	2000	0

上传表格内容并输入指令："这是电商部数据，请帮我读取并提炼出主要字段。注意将'订单收入'归到'线上销售收入'，将'客户退款'归到'线上退款支出'。"

DeepSeek 给出了整合版本的表格，如图 2-4 所示。

好的，根据你提供的电商部数据，我会帮你提取主要字段，并将"订单收入"归类为"线上销售收入"，将"客户退款"归类为"线上退款支出"。以下是处理后的结果：

提炼后的主要字段：

日期	来源	科目名称	金额(元)	备注
01-04	电商部	线上销售收入	30000	日用品A
01-08	电商部	线上销售收入	25000	电子产品B
01-08	电商部	线上销售收入	10000	日用品B
01-19	电商部	线上销售收入	5000	电子产品A
01-21	电商部	线上销售收入	2000	配件产品
01-08	电商部	线上退款支出	5000	电子产品B
01-08	电商部	线上退款支出	2000	日用品B

图 2-4　DeepSeek 整合电商数据

任务 03　生成汇总表并导出到本地

通过几轮对话，DeepSeek 已经将所有数据整合成拥有统一项目的表格形式，完全可以将其汇总在一起，生成一个汇总表，方便财务人员查找核对。

此时只需要发出一个汇总指令，就能得到一份汇总表了。在真实的工作场景中，一般需要使用办公软件来呈现文件，此时将 DeepSeek 生成的汇总表内容选中并复制下来，如图 2-5 所示。

以下是三个部门（营销部、采购部、电商部）的数据汇总成一个完整的汇总表的结果：

汇总表：

日期	来源	科目名称	金额(元)	备注
01-05	营销部	市场推广	3000	春节促销计划
01-10	营销部	市场推广	2000	新媒体投放
01-12	营销部	市场推广	5000	电商渠道推广
01-15	营销部	市场推广	1000	线下促销活动

图 2-5　选中 DeepSeek 生成的汇总表

打开 WPS Office，新建一个空白的表格文档。

在文档中选中任意单元格位置，点击键盘"Ctrl+V"进行粘贴，就能直接得到一张完整的本地汇总表，如图 2-6 所示。

	A	B	C	D	E
1	汇总表：				
2	日期	来源	科目名称	金额(元)	备注
3	1月5日	营销部	市场推广	3000	春节促销计划
4	1月10日	营销部	市场推广	2000	新媒体投放
5	1月12日	营销部	市场推广	5000	电商渠道推广
6	1月15日	营销部	市场推广	1000	线下促销活动
7	1月18日	营销部	市场推广	500	客户小礼品
8	1月4日	采购部	采购成本	12000	原材料款
9	1月8日	采购部	采购成本	8000	零配件费
10	1月19日	采购部	采购成本	5000	电子配件
11	1月21日	采购部	采购成本	3000	加急订单材料
12	1月4日	电商部	线上销售收入	30000	日用品A
13	1月8日	电商部	线上销售收入	25000	电子产品B
14	1月8日	电商部	线上退款支出	5000	电子产品B
15	1月8日	电商部	线上销售收入	10000	日用品B
16	1月8日	电商部	线上退款支出	2000	日用品B
17	1月19日	电商部	线上销售收入	5000	电子产品A
18	1月21日	电商部	线上销售收入	2000	配件产品

图 2-6　本地汇总表

○ 【复盘总结】

回顾上述操作任务，我们会发现几点在实际应用中的技巧。

①逐步输入数据：当数据量较大的时候，为了避免疏漏，不一定要把所有文件一次性贴完，可以一份一份来，每份贴完观察 AI 的初步归类和汇总结果，提出修改意见，让它逐渐达到你要求的标准。

②始终保持审查把关意识：AI 并非百分之百准确，尤其对个别企业特定字段并不了解，因此财务人需要定期校正错误分类。最好的做法是验证几条数据后再大批量处理；若有错漏，告诉 AI 如何修正。

③保护敏感数据：如果不想将供应商名称或者公司的具体产品名称上传到 AI 系统中，那么可以在上传前进行一键替换，比如，可以把"美通原料"替换成"供应商 A"，等文件汇总完成，导出到本地后，再一键替换回去。

经过以上任务实践，相信你已经体会到 AI 在数据整合方面的能力。只要准确告诉 AI 分类汇总的规则，循序渐进、边测试边反馈，AI 就能迅速遵循规则完成任务。将来无论新增多少文件、字段，甚至于新增文件包含不同语言、不同币种的数据，我们都能依照同样的方法快速将这些内容纳入统一的汇总表中。

类似地，在财务管理领域，借助已归类的历史数据来推算下一阶段预算需求；对比过去周期的分类结果，一旦某个科目或成本暴增，就能触发风险警示……这些工作都能采用同样的流程和方法开展。

2.2 高效去重提升数据质量

在整理数据时，大家经常遇到重复内容，也就是同一笔交易记录，被录了两遍，甚至三遍；或者同一个供应商的费用，出现在两个不同时间节点里，金额还是一样的。

出现这种重复数据可能是因为表单导入了多次，也可能是有人手动填报时改了个字段而没注意。看似都是小问题，可一旦合并数据，计算汇总结果，这些重复条目就会让报表数字虚高，连账都对不上。

常规解决思路是，利用 Office 表格处理软件中的"条件格式"标记出相同单元格，然后一条一条地人工核对；或者使用函数筛选出重复数据，把完全重复的行筛掉。但如果数据量足够多，字段又相当复杂，还是需要花费很多时间。

对此，AI 有哪些提升效率的解决方式呢？接下来我们用一个具体的案例，来展示借助 AI 如何高效去重，提升数据质量。

○ 【案例背景】

假设公司有一份出差报销明细表，如表 2-4 所示，财务人员在某个时段从好几个部门收集了出差费用，结果有人在不同的表格标签页里都写了打车费和住宿费；或者同事在提交申请时网络延迟，导致系统重复生成记录。为了保证报销费用的准确度，必须先把这份表格"去重"，再进行最终统计和结算。

表 2-4　公司 2 月出差报销明细

日期	报销人	报销金额（元）	事由	备注
02-01	小张	50	打车费	从机场到酒店
02-01	小张	50	打车费	从机场到酒店
02-01	小张	520	机票	从 A 市到 B 市
02-02	小张	300	住宿费	入住商务酒店
02-05	小王	80	餐饮费	出差工作餐
02-05	小王	80	工作餐	出差
02-06	小李	100	打车费	C 市打车
02-08	小李	100	C 市打车费	出差

○ 【任务演示】

任务 01　直接让 AI 找出重复项，并给出去重后的表格

　　在 DeepSeek 对话框中输入："我有一份出差报销明细表，其中部分记录疑似重复，想要去重并得到一份干净的报销清单。请按照'日期、报销人、报销金额、事由'都相同的规则来判断重复的行，并把那些相似但不完全相同的行也列出来让我手动确认。"

　　这时，DeepSeek 会给出具体的执行步骤，并要求你提供数据，如图 2-7 所示。

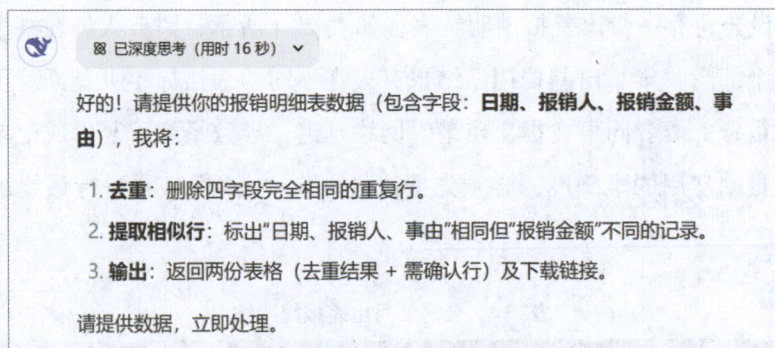

> ⊗ 已深度思考（用时 16 秒）∨
>
> 好的！请提供你的报销明细表数据（包含字段：**日期、报销人、报销金额、事由**），我将：
>
> 1. **去重**：删除四字段完全相同的重复行。
> 2. **提取相似行**：标出"日期、报销人、事由"相同但"报销金额"不同的记录。
> 3. **输出**：返回两份表格（去重结果 + 需确认行）及下载链接。
>
> 请提供数据，立即处理。

图 2-7　DeepSeek 确认任务需求

　　该步骤中最关键的就是规则的设定，既要让 AI 抓到完全重复的数据，直接去重；又要让 AI 列出疑似重复的数据，由你进行核查。

　　在具体的规则设定上可以结合自己面临的工作情况进行调整，比如，想要更灵活一些时，可以规定如果"报销人"和"报销金额"相同，且事由文字相似度超过 60%，就视为重复或近似重复。这样 AI 就知道要用模糊匹配的思路来提示你可能有问题的地方。

　　这一步如果数据量不大，可以把所有数据粘贴到对话框中；如果数据量较大，可以选择分批粘贴，让 AI 先做初步比对。

　　先来看看 DeepSeek 是否能识别出表格中完全重复的项目，如图 2-8 所示。

图 2-8　DeepSeek 识别完全重复项

这一步的判断逻辑完全正确，再来看看疑似重复的项目识别结果，如图 2-9 所示。

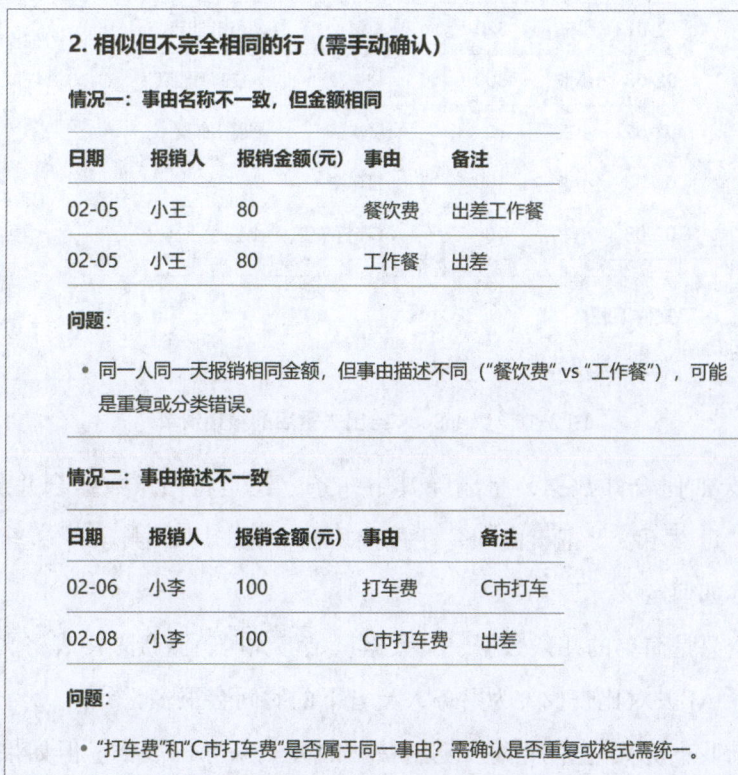

图 2-9　DeepSeek 标记疑似重复项目

针对这两个疑似情况，你经过核对发票，判断出情况一是重复项，情况二不是重复项。

在已经对所有的重复情况有了判断之后，可以向 AI 表达自己的确认情况，并要求 AI 出具一份去重后的干净数据表。

在 DeepSeek 对话框中输入："我同意直接删除一条完全重复的行，需要手动确认的两个情况中，情况一是重复的，需要删除其中一条；情况二不是，两个都保留。请输出去重后的最新版本表，并提供下载链接。"

然后，DeepSeek 就会给出一份干净的数据列表，如图 2-10 所示。

去重后的报销清单：

日期	报销人	报销金额(元)	事由	备注
02-01	小张	50	打车费	从机场到酒店
02-01	小张	520	机票	从A市到B市
02-02	小张	300	住宿费	入住商务酒店
02-05	小王	80	餐饮费	出差工作餐
02-06	小李	100	打车费	C市打车
02-08	小李	100	C市打车费	出差

文件下载：

点击下载去重后的报销清单.csv

图 2-10　DeepSeek 给出去重后的报销清单

AI 会如何合并数据，是删除其中一条，还是将两条数据合并成一个，或者是"金额不变，把事由和备注拼接写在一起，用分号隔开"，全看发出指令的你如何定义。

以上只是简单的几条数据，当数据量足够大时，直接采用表格文件上传的方式让 AI 去对比查找，为财务人员省下的时间会很多。

之前我们介绍过采用直接复制粘贴的方式来导出表格。但如果表格很长，复制很麻烦，也是可以让 AI 直接给出文件下载链接的。正如图 2-10

中表格下方所列的 csv 链接一样，点击即可下载。

以上操作步骤适用于数据量不是那么大，并且内容不是那么机密的文件。当不想直接让 AI 完成该任务，而是更希望直接在 Office 办公软件中处理时，AI 也是可以协助操作的。于是就有了下面的任务。

任务 02 　让 AI 指导操作，直接在表格文档中删除重复项

当你不知道用什么方法可以实现自己的目标时，可以在 DeepSeek 对话框中输入："我有一份出差报销明细表，其中部分记录疑似重复。想要在 WPS Office 软件中直接操作去重，得到一份干净的报销清单。请问有哪些方法可以实现？"

DeepSeek 对 WPS Office 办公软件的相关操作非常熟悉，很快根据需求列举出操作的方法，如图 2-11 所示。

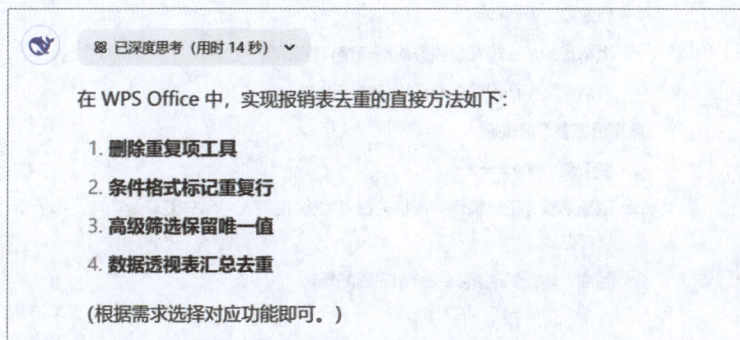

图 2-11　DeepSeek 给出去重方法

单纯看着以上这些方法的名称，看不出哪些方法操作便捷，哪些方法操作复杂，也看不出来哪些方法适合对完全重复的内容做出去重处理，哪些方法能找出疑似重复的项目。

因此，需要进一步提供更详细的指令：

"请按照从操作简单到操作复杂的顺序，对以上 4 种方法进行排序，并简单标注哪种方法适合对完全重复的项目去重，哪种方法能找出疑似重复的项目。"

指令越到位，AI 的回答越符合用户的期待，来看 DeepSeek 优化后的回答，如图 2-12 所示。

已深度思考（用时 25 秒）

按操作复杂度排序（从简单到复杂）及功能说明：

1. **删除重复项工具**
   - **复杂度**：★☆☆☆☆
   - **适用场景**：直接删除完全重复的行（所有选定字段一致）。
   - **特点**：一键操作，无须人工核对。
2. **条件格式标记重复行**
   - **复杂度**：★★☆☆☆
   - **适用场景**：快速标出完全重复或部分字段重复的行（如日期+报销人相同但金额不同），需人工确认后处理。
   - **特点**：可视化标记，适合辅助人工排查。
3. **高级筛选保留唯一值**
   - **复杂度**：★★★☆☆
   - **适用场景**：生成完全去重的新表格（保留唯一记录），不影响原数据。
   - **特点**：需手动设置筛选范围和输出位置。
4. **数据透视表汇总去重**
   - **复杂度**：★★★★☆
   - **适用场景**：汇总统计并间接去重（如按"报销人+事由"汇总金额），需手动调整布局。
   - **特点**：适合同时需要统计和去重的场景。

图 2-12　DeepSeek 按要求优化回复

在这一版回答里，DeepSeek 给每种方法标上了复杂度、适用场景和特点，而我们最关心的完全重复项目和疑似重复项目的去重需求均有对应方案。但是，这个回答在视觉效果上显然不够直观，我们只能通过阅读一一分辨对比。

我们都知道表格在结果呈现上的效果比文字更直观，那么，在输出指令的时候，是否可以将这一点要求加进去呢？

当然是可以的，比如，“请将以上回答表格化，出具一个每种方法的功能对比表，方便我查看，最后给出选择建议”。

此时，DeepSeek 的回答就变成了图 2-13 的样子。

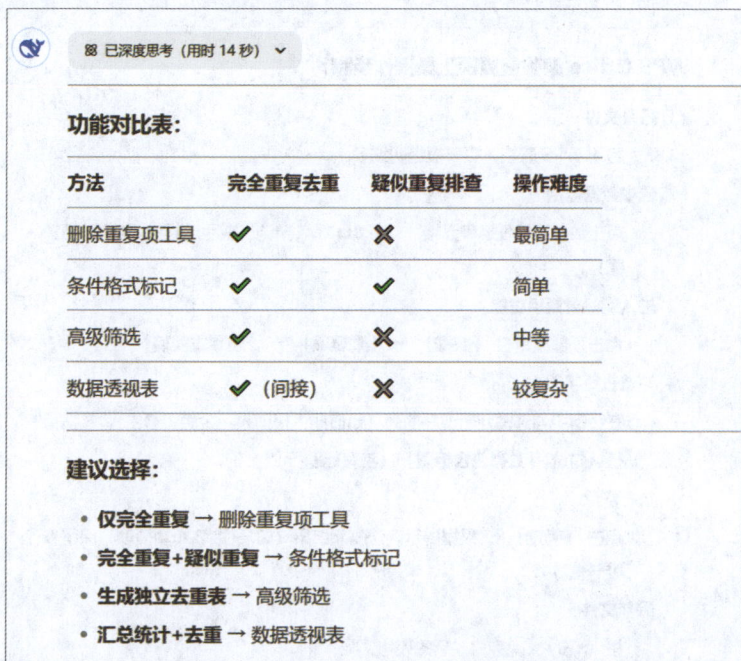

图 2-13　DeepSeek 用表格形式展示回复

现在，每种去重方法的操作难度和对应功能一目了然，我们根据自己的需要选择即可。

在以上解决当前任务的过程中，AI 的回复充分展示了不同指令对应的效果。想要一步到位得到最终的结果，那不妨在第一个指令中，就将自己想要的所有细节标注上，这样能省去不少麻烦。

现在，所有的去重方法已经列示出来，财务人员根据手中的数据表情况选择适合自己的方式即可。

比如，针对完全重复的项目，适合采用"删除重复项工具"这种方法。继续就该方法向 AI 提问：

"请给出 WPS Office 软件中删除重复项工具的具体操作步骤。"

DeepSeek 经过深度思考，给出了如图 2-14 所示的回答。

已深度思考（用时 13 秒）

WPS Office 删除重复项工具操作步骤：

1. **打开文件**
   - 启动 WPS 表格，打开报销明细表。
2. **选中数据范围**
   - 点击数据区域任意单元格 → 按 `Ctrl+A` 全选（或手动框选需处理的范围）。
3. **进入删除重复项功能**
   - 点击顶部菜单栏 **「数据」** → **「重复项」** → **「删除重复项」**。
4. **勾选去重字段**
   - 在弹窗中勾选需判断重复的列（如日期、报销人、金额、事由）。
   - 确认勾选 **「数据包含标题」**（若有标题行）。
5. **执行删除**
   - 点击 **「确定」** → 根据提示确认删除结果（如"删除 2 个重复项，保留 5 个唯一值"）。
6. **保存文件**
   - 按 `Ctrl+S` 保存修改后的表格。

图 2-14　DeepSeek 回复删除重复项工具操作步骤

每一步都清清楚楚，就算是没有相关操作经验的人，也能对照步骤说明一步一步进行。

WPS Office 办公软件中确实有“删除重复项”的功能，接下来，我们按照图 2-14 的操作步骤演示一遍。

选中数据区域后，点开表格菜单中的“数据”“重复项”“删除重复项”，如图 2-15 所示。

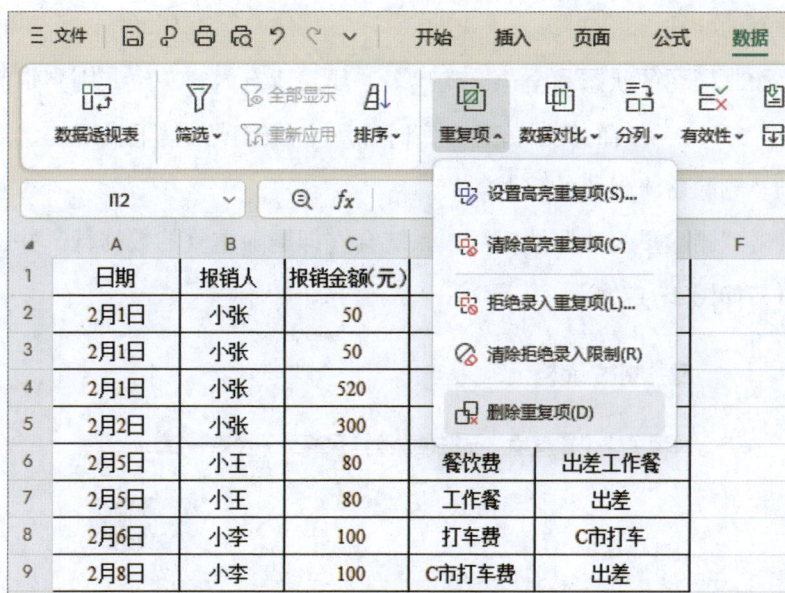

图 2-15　删除重复项入口

可以看到，DeepSeek 给出的步骤确实简明易行，我们一下子就找到了"删除重复项"。点击打开，如图 2-16 所示。

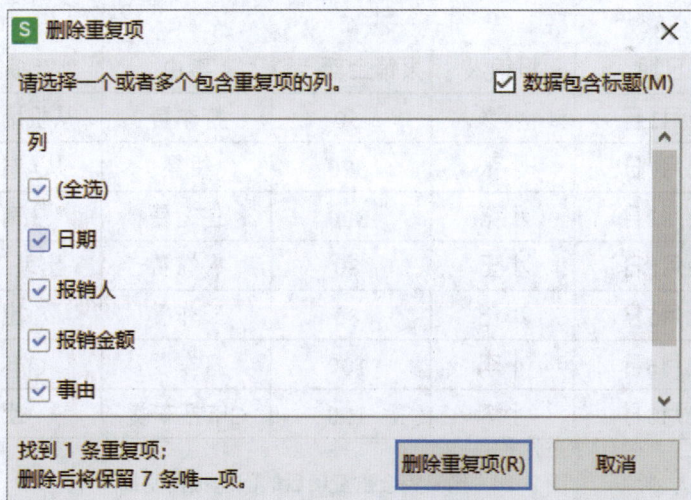

图 2-16　删除重复项窗口

系统会自动将数据的第一行识别为标题，并在窗口中列示出可供选择的字段，如日期、报销人、报销金额、事由等。用户按需要勾选这些列，作为判定重复的标准。

比如，现在的状态是全选，就代表"如果所有内容一致，则判定为重复项目"。窗口左下角的提示信息会实时显示当前选项条件下发现的重复项数量，以及删除后将保留的数据条数。

点击"删除重复项"按钮后，系统会立即删除重复的数据行，并弹出提示窗口，如图 2-17 所示。

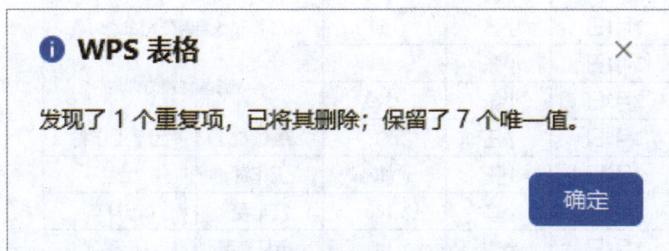

> **ⓘ WPS 表格**   ×
>
> 发现了 1 个重复项，已将其删除；保留了 7 个唯一值。
>
>   确定

图 2-17 删除重复项完成提示

可以看到，出差报销明细表中的完全重复项目已经被删去，如图 2-18 所示。

	A	B	C	D	E
1	日期	报销人	报销金额(元)	事由	备注
2	2月1日	小张	50	打车费	从机场到酒店
3	2月1日	小张	520	机票	从A市到B市
4	2月2日	小张	300	住宿费	入住商务酒店
5	2月5日	小王	80	餐饮费	出差工作餐
6	2月5日	小王	80	工作餐	出差
7	2月6日	小李	100	打车费	C市打车
8	2月8日	小李	100	C市打车费	出差

图 2-18 删除完全重复项后的出差报销明细

以上是按照 DeepSeek 给出的操作步骤完成的内容，至于其他去重方法，也可按照相同的流程完成，此处不再赘述。

○ 【复盘总结】

这一节的应用小技巧中最显著的一点就是指令越具体，效果越好。

想要让 AI 分辨重复项，就要明确告诉它规则，比如，"日期和金额都一致，并且备注里超过 80% 内容相同时，才认为它们是重复的"，需要告知此类自定义阈值，而不是只写一句"帮我去重"，否则 AI 不确定是否需要考虑模糊匹配等问题，可能会误把不该删的删掉。

整个去重任务流程走下来，有一点已经很明朗了，那就是 AI 再智能，也无法 100% 理解业务背景，因为这是一个综合感官的体会，并非指令中的三言两语所能概括的。因此，最后财务人员都需要对疑似重复的项目进行排查，以防误删真实记录。

在处理完重复记录后，你会发现有些项目其实还需要再打标签或者校对，比如，有的金额高得离谱，可能是人为多输入了一个零。AI 可以在去重的同时，顺便帮你检查出一些异常值。如果能把去重和异常监测这两步结合起来，数据的准确度自然会更高，也能进一步保障财务流程的可靠性。

一旦熟悉了如何用 AI 去重，你就能把同样的思路移植到其他数据整理环节。比如，供应商名单里易于将同一个供应商登记为多个名称、营销活动报表里容易多次记录同一场活动的数据……种种表格中的重叠或模糊匹配，都可以借力 AI 来快速筛查，让财务部门的整体数据质量迈上新的台阶。

2.3　统一杂乱的数据格式

在财务世界里，数据格式不统一是令人头疼却又无法回避的问题。不同部门、不同系统，甚至同一个部门在不同阶段输入的数据，往往各有各的排列方式，有的列标题是中文，有的是英文缩写；有的把日期写成"2025/01/05"，有的却是"05-01-2025"，还有一些索性就用"2025 年 1 月 5 日"。加之货币单位的错落使用、数值符号不同（有时用逗号，有时用点），形成了名副其实的"格式大杂烩"。

财务数据格式不同，可能会带来实际的信息断层。比如，如果小数点、分隔符、字段命名乱用——A 部门写的"totalCost"，B 部门硬生生用"TCost"，C 部门干脆就直接写"费用"，那么到最后，想要打通数据只能人工对照，或者写 Excel 函数批量处理，忙活好几小时甚至几天，才能进行后续分析。

在这样的乱局下，如果不事先做格式统一，后续的财务分析、预算评估乃至税务申报都很可能出现偏差。更严重时，会计科目会失去准确性，导致管理层对运营情况产生错误判断。这就是为什么很多资深财务人会说，必须在"入口"就把数据格式管好，否则只会给自己挖坑。

那如今的生成式 AI 为我们提供了什么新思路呢？一起来完成下面这个任务。

○ 【案例背景】

假设某商贸公司的财务部门要同时汇总采购与销售两张原始数据表，如表 2-5 和表 2-6 所示。

表 2-5　采购部门原始数据

Date	Amount	Description
05.01 .2025	12005	原材料采购
01-07	¥85025	零配件采购
01-12	30005	原材料加急订单
25.01 .2025	99999	特殊定制费用
28.01	1200	员工餐费

表 2-6　销售部门原始数据

日期	金额（元）	备注
1/10	1000.5	促销活动

续　表

日期	金额（元）	备注
1/12	50.75	小额样品
2025/1/15	999.98	特价清仓
1/18	250.25	小规模零售
1-20	750	线下批发

以上两张表格的数据格式各不相同。在日期列示上，有采用"dd.mm.yyyy"写法的，有采用"mm-dd"格式的。在金额列示上，采购部门没有保留小数，但销售部门保留了。还有表头的地方，一个用英文，一个用中文。

这样一来，财务收到两张表后要想整合成一份汇总表，需要完成很多项任务。

○ 【任务演示】

任务 01　统一已经杂乱的数据格式

观察上述表格后，可以确认有以下几项任务需要完成。

①把日期统一成同一种格式，如"yyyy-mm-dd"。

②金额统一保留两位小数，用点号作小数点，不带逗号。

③列名都改成中文或英文，保持一致，如统一用"日期、金额、备注"。

④新增一列"部门"，给每一笔数据标注上所属部门。

这些任务就是指令的一部分，最后的指令可以写成：

"请帮我合并这两张表格的信息，但它们的格式不同。标题统一为'日期、金额、备注'，日期格式统一用'yyyy-mm-dd'，没有年份的补齐，金额统一保留两位小数，用点号做小数点，不带逗号。表格最前方加一列，为'部门'。生成一张完整无误的表格。"

将以上两张表格内容粘贴至 DeepSeek 对话框里，并抛出需求，得到如图 2-19 所示的回答。

⊗ 已深度思考（用时 110 秒）∨

合并后标准化表格：

部门	日期	金额 (元)	备注
采购部门	2025-01-05	12005.00	原材料采购
采购部门	2025-01-07	85025.00	零配件采购
采购部门	2025-01-12	30005.00	原材料加急订单
采购部门	2025-01-25	99999.00	特殊定制费用
采购部门	2025-01-28	1200.00	员工餐费
销售部门	2025-01-10	1000.50	促销活动
销售部门	2025-01-12	50.75	小额样品
销售部门	2025-01-15	999.98	特价清仓
销售部门	2025-01-18	250.25	小规模零售
销售部门	2025-01-20	750.00	线下批发

图 2-19 DeepSeek 统一数据格式

该回答在格式标准化上表现优秀，能够按照要求将两张格式不同的表格合并，并统一了列名、日期格式和金额格式。尤其是在日期补齐、金额保留两位小数这些细节上，AI 都正确地处理了。

当然，AI 并不是每次回答都能如这样一般准确无误。如果发现 AI 理解有误，你随时可以更新指令，进行连续沟通，让 AI 修正之前的输出结果。

接下来是导出文件并处理，这一步仍旧可以采用"复制－粘贴"的方式，将 AI 生成的表格直接粘贴到一个新建的空白表格文件中，此处不再赘述。

后续你可能还会做进一步的处理，比如，让 AI 再把一些科目对应到会计系统的科目编号，或对金额进行汇总统计，这些都可以在同一个对话里继续完成。最重要的是，格式统一后，所有列都要能准确对接企业的财务软件，避免出现读取错误或数据丢失的情况。

任务 02　事先预防格式杂乱

事后修补不如事前预防，与其在合并表格数据时才发现格式混乱，不如在前端填报环节就把格式控制好。

一般各部门使用 Office 办公软件填报，正好可以利用单元格格式实现初级管控。比如，在日期列设置"只能输入 yyyy-mm-dd 格式"，若用户写成"2025.01.05"，系统会自动提示错误，无法填写成功。

选中日期所在的列，点击鼠标右键，找到"设置单元格格式"（快捷键为 Ctrl+1），打开窗口，如图 2-20 所示。

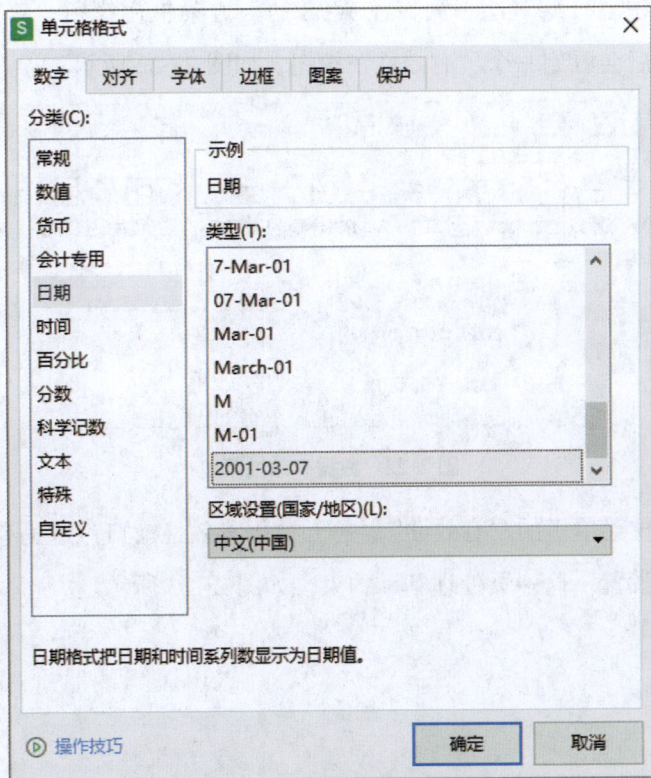

图 2-20　单元格格式设置窗口

在"数字"选项卡下，找到"日期"，选择自己需要的格式，点击"确定"即可。

此时再输入其他格式的日期，就会生成乱码，比如，输入"0501"，原单元格处就会变成乱码日期，如图 2-21 所示。

	A	B	C	D	E	F
1	部门	日期	金额（元）	备注		
2	采购部门	1900-04-14	12005	原材料采购		

B2 ⌄ | fx | 1900/4/14

图 2-21　单元格日期格式错误

只是生成错误日期，并不会让输入者明确应该如何填写正确日期，这时就需要开启数据有效性验证。

鼠标选中"日期"这一列，在 WPS 的上方菜单栏找到"数据"这个选项卡，点击后会看到一个"有效性"按钮，如图 2-22 所示。

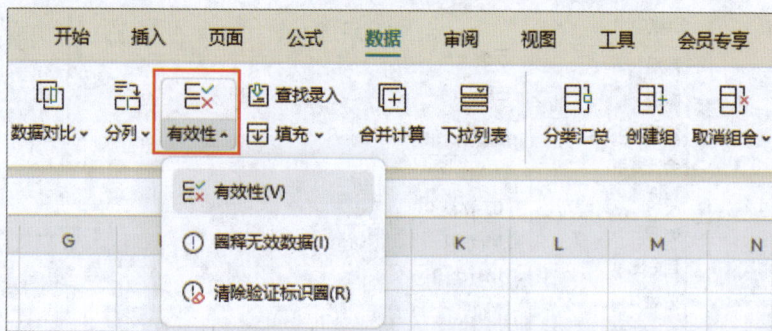

| 开始 | 插入 | 页面 | 公式 | **数据** | 审阅 | 视图 | 工具 | 会员专享 |

数据对比 ⌄　分列 ⌄　**有效性** ^　查找录入 ⌄　合并计算　下拉列表　分类汇总　创建组　取消组合 ⌄

　有效性(V)
　圈释无效数据(I)
　清除验证标识圈(R)

图 2-22　数据有效性菜单

选择下拉菜单里的"有效性"，打开数据有效性窗口。这里有三项页签，我们先在"设置"这一页处理基础约束，如图 2-23 所示。

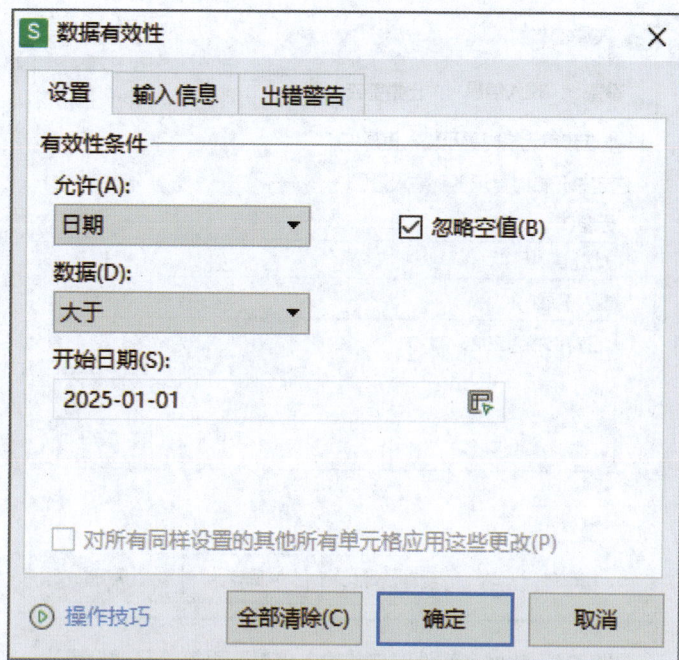

图 2-23　数据有效性窗口"设置"页签（日期设置）

在"允许"的下拉菜单里选择"日期"。你如果希望输入者只能输入晚于某个时间的日期，如 2025 年 1 月 1 日以后的日期，就把"数据"这一栏设定为"大于"，在"开始日期"里填写限制的范围。

如果无所谓具体范围，只想让输入者必须输入一个正确的日期格式，那就把这里改成"介于"并设一个合理区间，比如，将开始日期设定为 1900-01-01，将结束日期设定为 2100-12-31，保证只要是正常年份就能录入。

切换到"输入信息"这个页签，如图 2-24 所示。这里能开启一个弹窗小提示，在输入者点到单元格时，提示正确的填写方式。

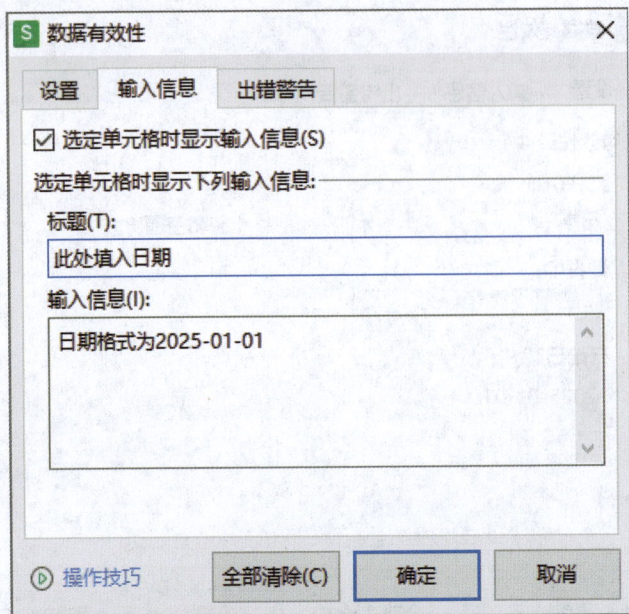

图 2-24 数据有效性窗口"输入信息"页签(日期设置)

针对日期输入的提醒,在"标题"处,你可以写上"此处输入日期"。

在"输入信息"的大框里,写上"日期格式为 2025-01-01"。这样别人点进来,就知道自己要输入类似"2025-01-01"这种格式。最后确定一下"选定单元格时显示输入信息"是否勾选,如果勾选上,那么只要输入者选中该列的单元格,这个提示就会弹出。

设置好的提示效果如图 2-25 所示。

图 2-25 数据有效性日期填写提示效果

最后切换到"出错警告"这个页签,如图 2-26 所示,此处设置后能在输入者输入错误的情况下发出错误警告,并阻止输入者继续输入。

图 2-26　数据有效性窗口"出错警告"页签（日期设置）

在"样式"的下拉菜单里，有"停止""警告""信息"三种样式，常用的是"停止"，即输入者输入无效数据时会直接报错，不予通过。

"标题"处可以填上"日期格式错误"，提醒起来更直观。

而具体的错误信息可以写"请重新输入"，输入者就知道自己接下来应该怎么做了。

点击"确定"，设置完成。我们来验证一下效果，比如，在某单元格中输入"0105"这种不符合要求的日期，WPS 就立刻跳出一个红色的错误提示框，如图 2-27 所示，这说明数据验证起作用了。

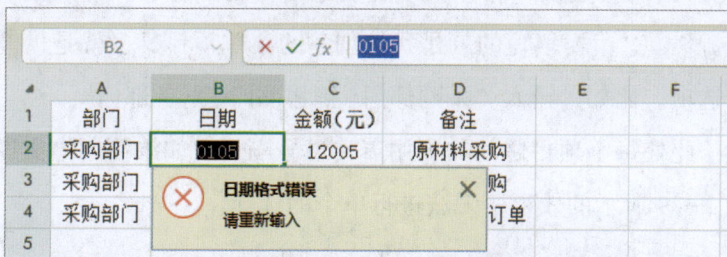

图 2-27　数据有效性日期填写出错警告效果

其实，像金额、日期这类的数据输入格式是比较好控制的，真正难以控制的是文本信息。比如，仅仅是部门这一项，就可能输入成"销售""销售部""销售部门"等多种结果，看起来十分杂乱。

针对这种情况，数据有效性可以给某一列生成几个选项，例如，在"部门"列中可以创建一个下拉菜单，限定输入者只能选择"采购部门""销售部门""财务部门"的其中一项，这样就能避免手动输入导致的混用情况。

选中部门列，打开数据有效性窗口，如图 2-28 所示。

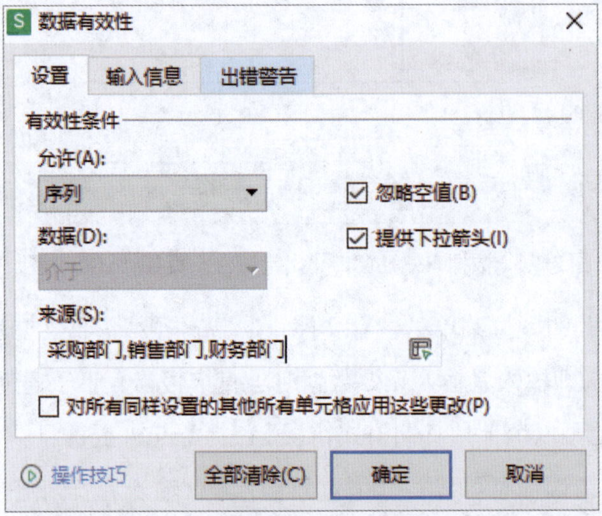

图 2-28　数据有效性窗口"设置"页签（部门设置）

在设置页签的"允许"项目里，这一次不再选择"日期"，而是选择"序列"（有些版本叫"列表"），表示后续我们要给出一个下拉式的列表选项。

"数据"默认会显示"介于"或者其他，可以不管它。重点是下面新出现的"来源"，这里要填写的就是我们创建的菜单项目，也就是供输入者选择的固定选项。比如，输入"采购部门,销售部门,财务部门"。

注意：此处每个项目之间需要用英文逗号隔开，如果使用中文逗号，会出现如图 2-29 所示的效果，无法进行单个的选择。

图 2-29　数据有效性序列来源错误效果示例

　　最后记得勾选"提供下拉箭头"，这样输入者点击单元格时就能看到可选列表；也可以勾选"忽略空值"，允许留白不填，或者不勾选，此处不允许空着，具体根据场景决定即可。

　　切换到"输入信息"页签，如图 2-30 所示。

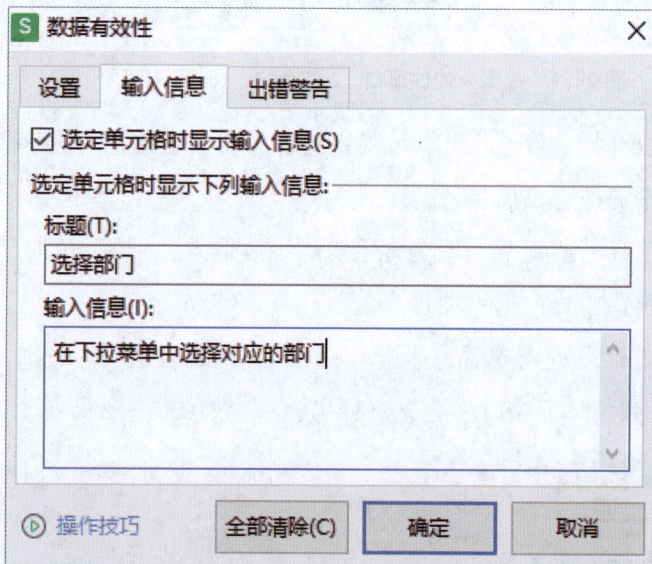

图 2-30　数据有效性窗口"输入信息"页签（部门设置）

　　勾选"选定单元格时显示输入信息"；在标题处可以输入"选择部门"，在输入信息处可以写一句提示，如"在下拉菜单中选择对应的部门"。这些提示内容都是自定义的，而不是固定的。要注意的是，信息别写太长，以免遮挡视线，影响输入者的填写体验。

　　第三个页签是"出错警告"，如图 2-31 所示。

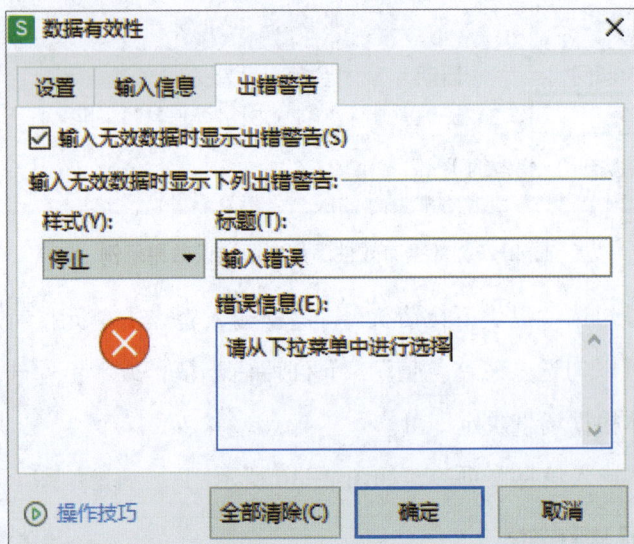

图 2-31　数据有效性窗口"出错警告"页签（部门设置）

同样可以选择"停止"，然后弹出错误警告，警告的标题和信息都是自定义的，图中的内容仅供参考。

如果这里只需要提醒，但允许输入者继续输入，则无须勾选"输入无效数据时显示出错警告"这一项目。

所有的内容设置完成后，点击"确定"，回到表格中。此时，再次点到"部门"那一列的单元格时，会立刻弹出提示，如图 2-32 所示。

图 2-32　数据有效性部门填写提示效果

在单元格右边，会出现一个向下的小箭头"▼"。点击它就能展开序列，输入者从中选择自己对应的部门，就能完成输入，如图 2-33 所示。

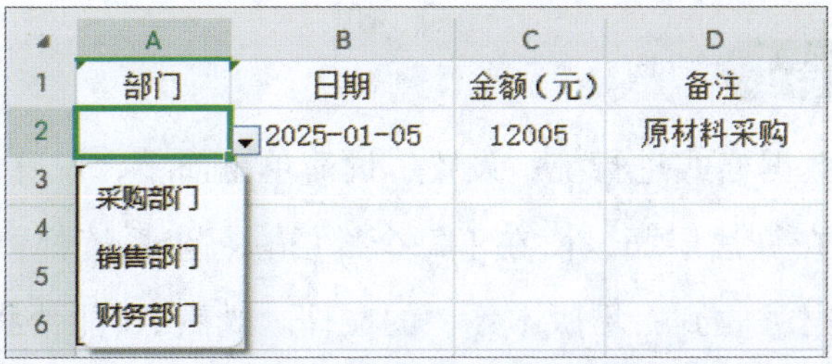

图 2-33　数据有效性部门序列菜单

如果输入者没有进行选择，而是输入了一个格式不正确的部门名称，如"采购"，系统会立刻弹出之前设置的"出错警告"，如图 2-34 所示。

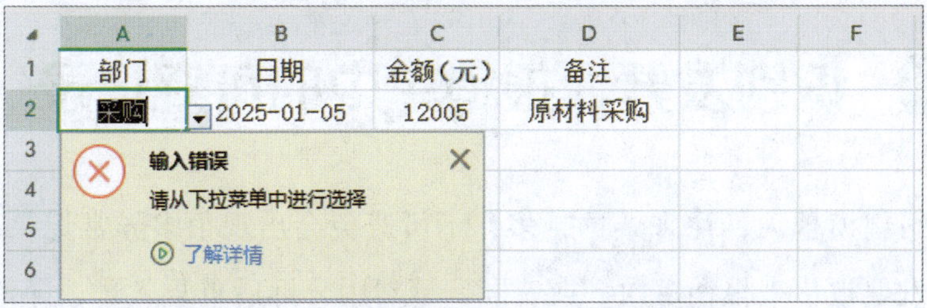

图 2-34　数据有效性部门填写出错警告效果

以上步骤，在操作中遇到任何难题，都可以向 AI 提出疑问，来获得解答。比如，假设公司的部门名称特别多，又经常变化，在序列"来源"的窗口里填写的时候很不方便，应该怎么做呢？

此时，AI 会提示你在另一张表里列出全部部门，然后进行引用，如图 2-35 所示。

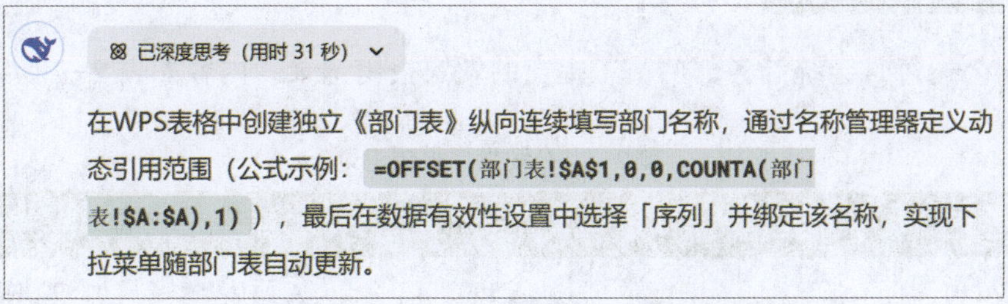

图 2-35　DeepSeek 辅助数据验证设置

【复盘总结】

对杂乱的数据格式进行统一设置，说简单也简单，说麻烦也是真麻烦。它的难度并不在算法层面，而在于每个部门、每个系统都可能有各自的习惯，最终导致财务收到一堆版本不一的文件。既然 AI 能帮我们把日期、货币、列名统一，那么还有一些场景中也能这样做。例如，在订单数据方面，B2B 渠道可能用"订单 ID"，B2C 渠道用"OrderNo."或写"订单号"，对于这些多样化的术语，我们都能让 AI 快速抓取并统一成一类字段名。

2.4　识别发票、报销单中的可疑记录

公司规模越大，往来票据越多，不可避免会出现很多异常记录。比如，同一张发票被拿来报销多次，或者同一笔费用分拆后重复入账，导致企业多支出费用。还有一些发票项目与公司规定的报销范围不匹配，比如，私人物品或不在额度范围之内的申报项目，却被误认为业务开支等。

上述可疑情形被隐藏在一堆数据里，需要财务人员付出大量精力一笔笔核对，有时一个疏忽，还会漏掉一些细节。因此，有必要探索更多自动化的排查手段。

【案例背景】

公司每月会统计各部门员工提交的发票报销记录，内容如表 2-7 所示。

表 2-7　公司发票报销记录

发票号	报销人	部门	报销金额（元）	供应商名称	备注
FA001	张三	销售部	500	A 酒店	0109 住宿
FA002	张三	销售部	500	A 酒店	0109 住宿
FA003	李四	采购部	2000	B 超市	原材料采购
FA004	王五	业务部	998	C 餐厅	宴请

续 表

发票号	报销人	部门	报销金额（元）	供应商名称	备注
FA005	赵六	售后部	1000	D 快递	快递费
FA004	小孙	业务部	998	C 餐厅	业务招待
FA006	张三	销售部	5000	F 航空	机票

任务目标是找出可疑记录，比如，相同发票号多次出现、金额异常、供应商和发票内容不合常理等。

○ 【任务演示】

任务 01　筛选重复发票号

之前我们曾演示过如何在 WPS 表格中进行去重，如果不直接去重，而是将重复的项目标注出来，也是可以直接做到的，接下来演示如何快速筛选重复的发票号。

选中"发票号"列，点击 WPS 的顶部菜单栏中的"数据"选项卡，找到"重复项"按钮，在弹出的下拉菜单中，选择"设置高亮重复项"选项，如图 2-36 所示。

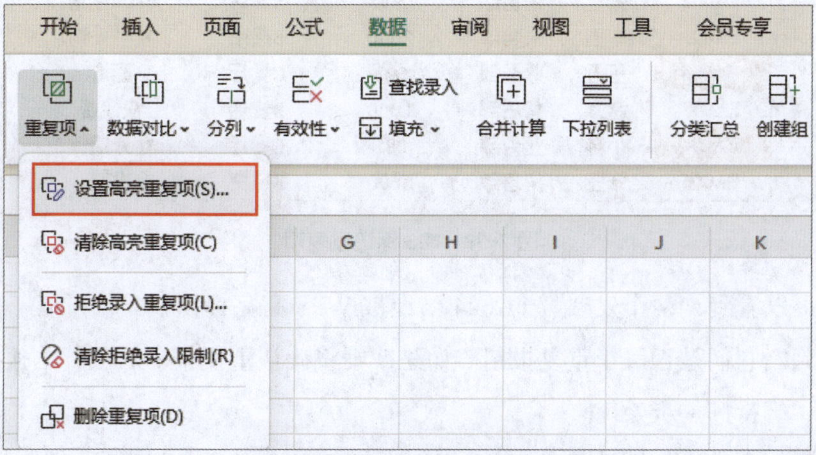

图 2-36　"设置高亮重复项"入口

弹出"高亮重复项"对话框后，会看到一个设置框，这时需要确认筛选的列，如图 2-37 所示。

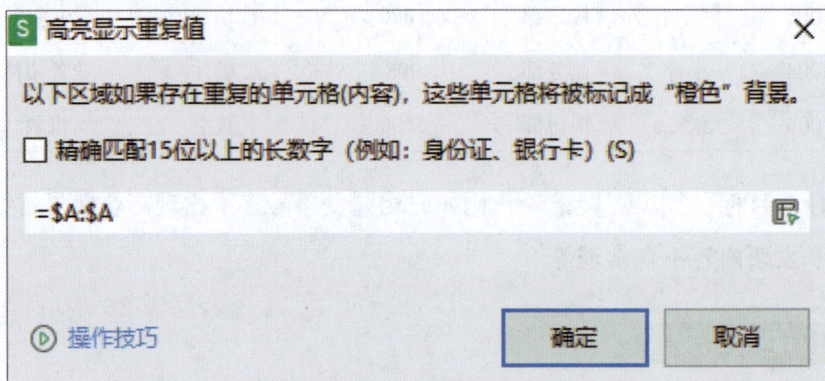

图 2-37 "高亮显示重复值"窗口

如果有多个列需要一起检查，可以按住 Ctrl 键选择多个列。这里显示的就是表 2-7 中的"发票号"列，检查选中区域无误后点击"确定"。此时，WPS 会自动标记出所有重复的发票号，用背景色突出显示，让人一眼就能看到重复项，如图 2-38 所示。

	A	B	C	D	E	F
1	发票号	报销人	部门	报销金额(元)	供应商名称	备注
2	FA001	张三	销售部	500	A酒店	0109住宿
3	FA002	张三	销售部	500	A酒店	0109住宿
4	FA003	李四	采购部	2000	B超市	材料采购
5	FA004	王五	业务部	998	C餐厅	宴请
6	FA005	赵六	售后部	1000	D快递	快递费
7	FA004	小孙	业务部	998	E餐厅	业务招待
8	FA006	张三	销售部	5000	F航空	机票

图 2-38 WPS 标记重复项

可以看到，两个发票号 FA004 已经被 WPS 高亮标出，我们可以一一查看，判断它们是否属于重复报销。如是，则将确认重复报销的项目单独标记出来，等待进一步处理。

核查完毕，如果需要取消高亮标注，只需重新选中数据区域，点击"数据"→"重复项"，然后选择"清除高亮重复项"即可。

任务 02　条件格式突出异常值

　　在财务表格中，如果想一眼就看出哪些报销金额超出某个警戒值（如1000 元），则可以借助"条件格式"功能，给这些单元格加上高亮颜色。方便进一步核查是否存在报销异常。

　　先在表格里找到"报销金额"这一列，选定后，在 WPS 的工具栏找到"开始"下的"条件格式"按钮。点击会看到一个下拉菜单，其中有"突出显示单元格规则"选项，下级菜单包含"大于""小于""介于"等规则，如图 2-39 所示。

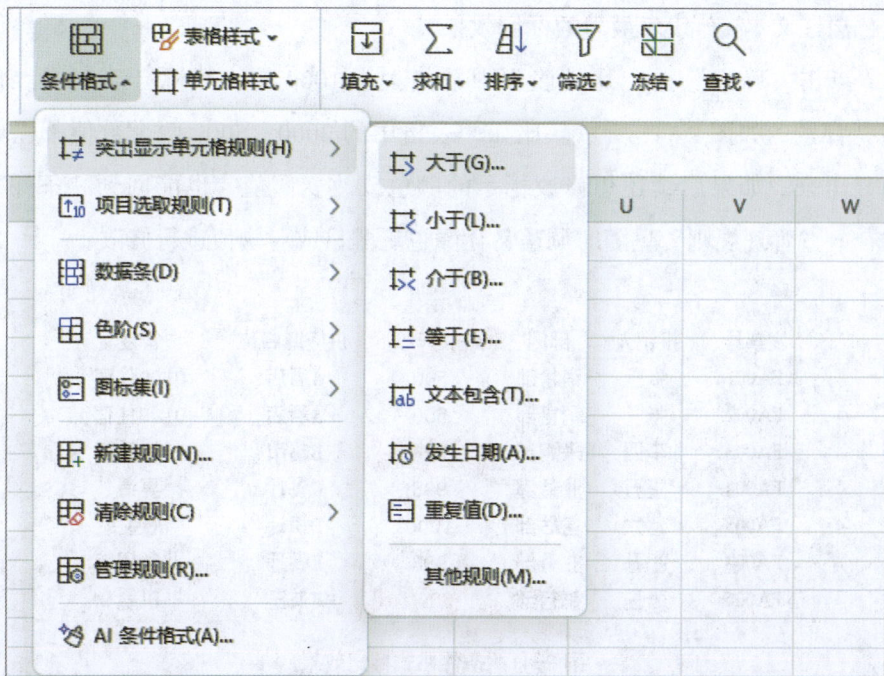

图 2-39　条件格式功能菜单

　　这里我们要标记所有报销金额超过 1000 元的条目，所以选择"大于"，会弹出以下窗口，如图 2-40 所示。

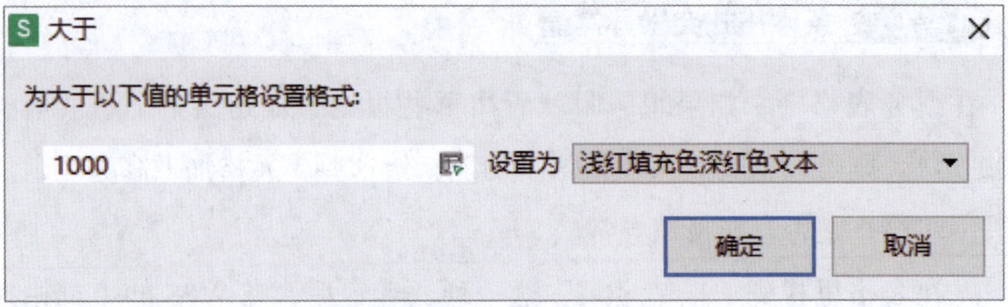

图 2-40　条件格式"大于"窗口

这里有一个输入框，用来指定阈值。输入"1000"就代表会标记所有大于 1000 的金额，旁边"设置为"部分则可以选择高亮的颜色，如"浅红填充色深红文本"，代表最后的标记效果。

点击"确定"后，凡是该列中数值大于 1000 的，都将自动变成红色高亮背景，如图 2-41 所示。比如，表格中的 2000、5000 两个数值都已经凸显出来。如果后续还想修改标示的颜色或改变阈值，也能回到"条件格式"→"管理规则"里随时调整，让颜色更醒目或对阈值进行修改。

	A	B	C	D	E	F
1	发票号	报销人	部门	报销金额（元）	供应商名称	备注
2	FA001	张三	销售部	500	A酒店	0109住宿
3	FA002	张三	销售部	500	A酒店	0109住宿
4	FA003	李四	采购部	2000	B超市	材料采购
5	FA004	王五	业务部	998	C餐厅	宴请
6	FA005	赵六	售后部	1000	D快递	快递费
7	FA004	小孙	业务部	998	E餐厅	业务招待
8	FA006	张三	销售部	5000	F航空	机票

图 2-41　条件格式标记效果

以上过程是人工直接操作的步骤，但在很多时候我们并不能快速反应过来如何进行条件格式的设置，或者记不住这么多管理规则，这时我们都可以借助 AI 的力量来完成相关操作。

不知你是否注意到，在图 2-39 所展示的条件格式功能菜单中，最底部有一项叫作"AI 条件格式"，这就是 WPS 内部自带的 AI 辅助功能。原理和手动设置类似，只不过可以让 AI 帮你写公式或描述规则。

你只需在文本框里告诉它"标记报销金额大于 1000 的项目"，如图 2-42 所示。

图 2-42　AI 条件格式输入框

AI 会自动生成规则条件并提供格式效果预览，如图 2-43 所示。

确认没问题后点"完成"，和手动设定的效果相同，只是省了自己设定规则的步骤。

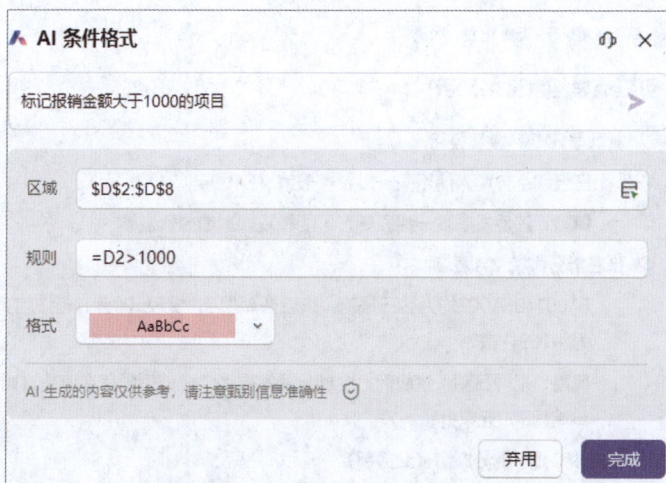

图 2-43　AI 条件格式自动生成规则

任务 03　AI 辅助查找逻辑不合理的发票内容

之前咱们已经谈过怎么用条件格式抓到那些金额过大的报销记录，可有时候真正的问题并不在于金额，而在于发票背后的逻辑不合理。

举个例子，表 2-7 的报销记录共 7 条，前两条记录的发票号不同，但是报销人一致，报销金额一致，连备注内容都一模一样，那同一个人在同一天晚上的住宿发票，为什么要开成两张呢？这就有可能是同一商家多次小额报销分拆，而加起来的报销金额很可能超过了公司规定的住宿标准。

但这种情况单纯依靠条件格式可能发现不了，只能靠人工去进一步判断才能弄清楚。如果像表中那样，两个记录连在一起，人工自然很容易发现；可如果这两条发票记录中间隔着一大堆其他报销记录，人工就很难发现了。

AI 可以无视数据量的多少，比对历史数据里的分布规律，告诉你哪条记录看似正常，其实和此前某一笔记录模式类似，可能有“拆单”嫌疑。

比如，将报销记录发送给 DeepSeek，然后提问：

“请结合常见财务逻辑，帮我检查是否有疑似重复报销、逻辑不一致、同一供应商多笔拆分等问题，并列出可能的可疑点及理由。”

经过分析，DeepSeek 给出的答复如图 2-44 所示。

已深度思考（用时 18 秒）

可疑点总结（逐条列示）：

1. **发票号FA004重复使用**
   - 王五和小孙两人使用同一发票号报销（FA004）
   - **风险**：违反发票唯一性原则，可能重复报销或虚假发票。
2. **张三拆分报销（A酒店）**
   - FA001和FA002均为张三报销，供应商A酒店，金额500元，备注均为“0109住宿”
   - **风险**：相同日期、供应商，金额分两笔报销，疑似拆分单次消费（如规避单笔超500元审批）。
3. **供应商C餐厅拆分报销（业务部）**
   - 王五和小孙（同部门）均报销C餐厅，金额均为998元
   - **风险**：相同供应商、相同金额、同一部门，可能将单笔超限额费用拆分为两笔报销。
4. **售后部快递费异常**
   - 赵六（售后部）报销D快递1000元
   - **风险**：快递费通常由行政部门统一处理，需核实售后部独立报销的合理性。
5. **高额机票费用超标风险**
   - 张三报销F航空5000元机票
   - **风险**：需核查机票舱位等级、出差审批流程是否合规。

图 2-44 DeepSeek 发现报销异常记录

　　有了这些可疑点，我们再去 WPS 表格里把 AI 提到的那些条目标记成"需二次审核"，即可快速排查出有问题的报销记录。

　　关于如何排查、有哪些重点排查的内容，AI 也可以给出相对应的操作提示，只需要在对话框中询问：

　　"以上报销异常点，哪些是重点排查项？如何进行排查操作？"

　　AI 就能给出有针对性的建议，如图 2-45 所示。

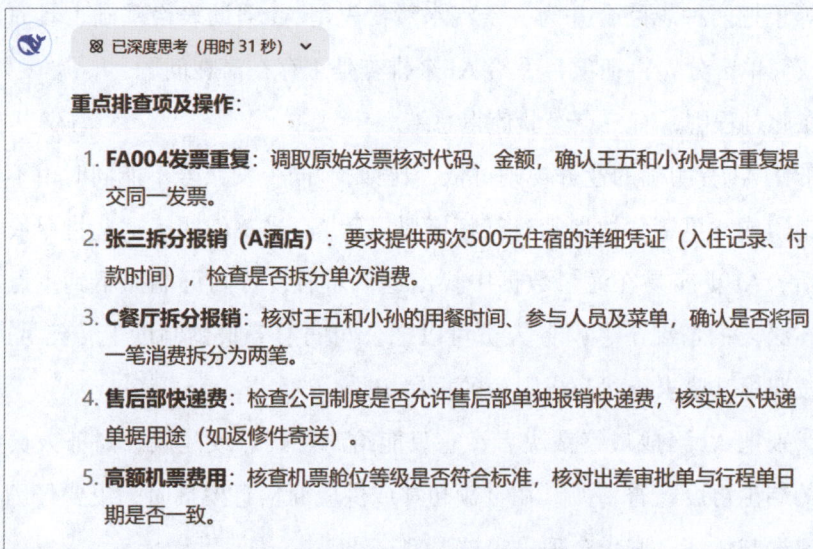

　　⊗ 已深度思考（用时 31 秒）　∨

　　重点排查项及操作：

　　1. **FA004发票重复**：调取原始发票核对代码、金额，确认王五和小孙是否重复提交同一发票。

　　2. **张三拆分报销（A酒店）**：要求提供两次500元住宿的详细凭证（入住记录、付款时间），检查是否拆分单次消费。

　　3. **C餐厅拆分报销**：核对王五和小孙的用餐时间、参与人员及菜单，确认是否将同一笔消费拆分为两笔。

　　4. **售后部快递费**：检查公司制度是否允许售后部单独报销快递费，核实赵六快递单据用途（如返修件寄送）。

　　5. **高额机票费用**：核查机票舱位等级是否符合标准，核对出差审批单与行程单日期是否一致。

图 2-45　DeepSeek 提示重点排查项及操作

　　相比手动排查，AI 的优势在于它可快速搜索文字里的一致性，比如，发票号 FA004、供应商"C 餐厅"，只要出现次数多于 1，就会被抓出来。如果提供给 AI 更多的报销历史记录（如这名员工以前报销过什么金额范围），那它还可能推测出"张三从未有过这么高的支出，本次 5000 元机票须仔细核查"这样的内容。再或者，将公司的报销制度提供给 AI，它也能根据公司规定，将超过报销额度的所有项目查找出来。

　　当然，AI 只是帮忙在短时间内抓住主要疑点，我们绝不能仅靠它就断定报销异常，最后还得结合真实凭证去判断。

【复盘总结】

回顾本节的相关操作，可以发现，AI 既可以与办公软件协同使用，也可以直接作为辅助工具使用。

更妙的是，一些办公软件如今开始融入 AI 组件，让用户在同一界面既能执行传统的条件格式、筛选重复等功能，又能呼叫智能算法进行深度分析，等于把两种思路合并为一条流水线：先用 AI 辅助表格基础工具完成可视化或简单区分，再把项目丢给 AI 来排查是否存在潜在问题。

在此过程中，有三点经验值得总结。

①让 AI 有明确的业务规则可依，比如，"同一发票号不能同时由不同员工报销"或"单笔餐饮费超过某额度要提示"。当我们明确这些指令或场景规则后，AI 更容易在海量数据中找出逻辑矛盾，否则可能抓不到重点。因此，在必要的情况下，财务人员可以把公司的财务报销制度上传给 AI，要求其按照标准要求查找超出限额的报销记录。

②别把 AI 当成最终裁决者，它只能给出可疑点或建议，财务人员必须对它的结论再度核查，尤其在金额超常或供应商信息模糊时，更要仔细比对实际票据与凭证，避免合理报销被误判。

③在技术和操作层面做好风险与安全预案。很多企业将整份财务表格直接复制到公共 AI 上，而这存在信息泄露的风险；公司如果能选择私有化部署 AI 引擎，或者事先做数据脱敏与简化，就能既保护业务机密，又享受到 AI 带来的效率红利。

第 **3** 章

AI 财务数据计算：
摆脱低价值的重复劳动

········

　　财务工作忙是常事，但是到底在忙什么呢？细想一下就会发现，很多时候财务人在忙着和各种数据、公式、表格打交道，没完没了地做着重复的计算任务。每当月初，财务人就要投入大量精力反复核对报表数据，计算几十个财务指标，确认数字之间的准确性。这种重复劳动看似简单，但难在不能出错，长期下来会消耗掉财务人大量的时间与精力，真正有价值的分析工作反而变得次要了。当 AI 工具出现，这种局面是时候要改变了。

3.1 代替手工输入函数进行数据统计

很多财务人在处理数据汇总计算时，曾被那些冗长又复杂的公式困住。举个例子，如果公司想算"各部门 × 月份综合加权平均成本"，财务人往往要把好几个分表合并到同一个工作簿里，再在汇总表里设计一堆 SUMIF、LOOKUP、IF 甚至更深层的嵌套函数。碰到公式牵涉几十列几百行数据的时候，费时费力程度可想而知。

但是，AI 能让我们用"说话"代替一步一步的规则设定。在一个对话框里直接告诉 AI："我想对这一列的所有数值求平均值，然后再拿另一列和它相除，最后做个合计。"它就能自动按照你说的逻辑生成所有需要的公式，或者干脆把运算好的数值一股脑儿列出来，避免了你在表格中拖拽下拉或写一堆嵌套函数的烦恼。

调用 AI 进行数据的批量计算与统计有两种方式：一种是直接调用 WPS Office 中内置的 AI 功能；另一种是调用第三方对话式 AI 工具，如 DeepSeek、豆包、通义等。

【案例背景·在 WPS 中调用 AI】

这里有一张表格，展示了包含订单编号、销售额、客户评价和客户类型等在内的信息，如表 3-1 所示。

表 3-1　销售信息表

订单编号	销售额（元）	客户评价	客户类型
A1001	1200	非常满意，服务态度很好	VIP
A1002	850	价格偏高，但质量不错	普通
A1003	3000	送货速度太慢，不太满意	普通
A1004	500	客服回复及时，体验很好	VIP

续　表

订单编号	销售额（元）	客户评价	客户类型
A1005	1500	产品质量一般，有待提高	普通
A1006	720	超级棒的一次购物体验	VIP
A1007	980	勉强可以接受，服务一般	普通
A1008	2000	物超所值，还会再买	VIP
A1009	600	质量不如预期，有点失望	普通

现在，我们利用 WPS AI 来完成以下小任务。

任务 01　计算销售总额

拿到这样一张表，最先需要统计的数据一般就是销售总额，用来反映企业的业绩情况。汇总当然没什么难度，相信熟练的财务人闭着眼睛都能写出来"=SUM(范围)"这个函数公式。下面演示如何用 AI 写公式。

在 Excel 或 WPS 表格中，点击任意一个空白单元格，如"B11"，这里将用来存放总销售额的计算结果。

然后在工具栏中，找到"WPS AI"，如图 3-1 所示。这里提供了一系列智能化功能，如 AI 表格助手、批量生成、AI 数据分析、AI 写公式等。这些功能极大地提升了数据处理的效率。

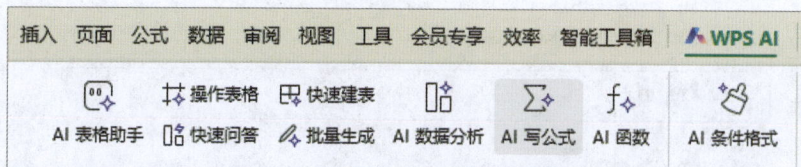

图 3-1　WPS AI 表格处理功能菜单

点击"AI 写公式"，会弹出一个对话框，在其中输入你的需求，比如，这里可以输入"我想计算销售总额，帮我生成公式"，如图 3-2 所示。

9	A1008	2000	物超所值，还会再买！	VIP
10	A1009	600	质量不如预期，有点失望。	普通
11		=		
12				
13				
14		我想计算销售总额，帮我生成公式		⊗ ➤
15				

图 3-2　AI 写公式对话框

整个过程不需要任何复杂的公式语法，直接表达需求就好。随后，在 B11 单元格中，AI 就自动填入了"=SUM(B2:B10)"公式，销售额的汇总数也列示其中，如图 3-3 所示。

B	C	D	E	F
销售额(元)	客户评价	客户类型		
1200	非常满意，服务态度很好！	VIP		
850	价格偏高，但质量不错。	普通		
3000	送货速度太慢，不太满意。	普通		
500	客服回复及时，体验很好。	VIP		
1500	产品质量一般，有待提高。	普通		
720	超级棒的一次购物体验！	VIP		
980	勉强可以接受，服务一般。	普通		
2000	物超所值，还会再买！	VIP		
600	质量不如预期，有点失望。	普通		
11350				

完成　🗑 弃用　💬 重新提问

提问：我想计算销售总额，帮我生成公式

=SUM(B2:B10)

图 3-3　AI 写公式（任务 01）

看到公式正确无误后，点击"完成"，AI 写公式的窗口便会自动消失，而 B11 单元格的汇总数也已经填充完毕。

任务 02　统计销售额大于 1000 元的订单数量

销售额高于一定阈值的订单数量，往往能够反映市场需求的变化，帮助企业优化定价策略、调整促销力度。所以，这次的任务是统计销售额大于 1000 元的订单数量。

此处选择 B12 作为存放统计结果的单元格，然后启用 AI 写公式功能，在对话框中输入：

"我想统计销售额大于 1000 元的订单数量，帮我生成公式。"

WPS AI 经过分析，给出了如图 3-4 所示的结果。

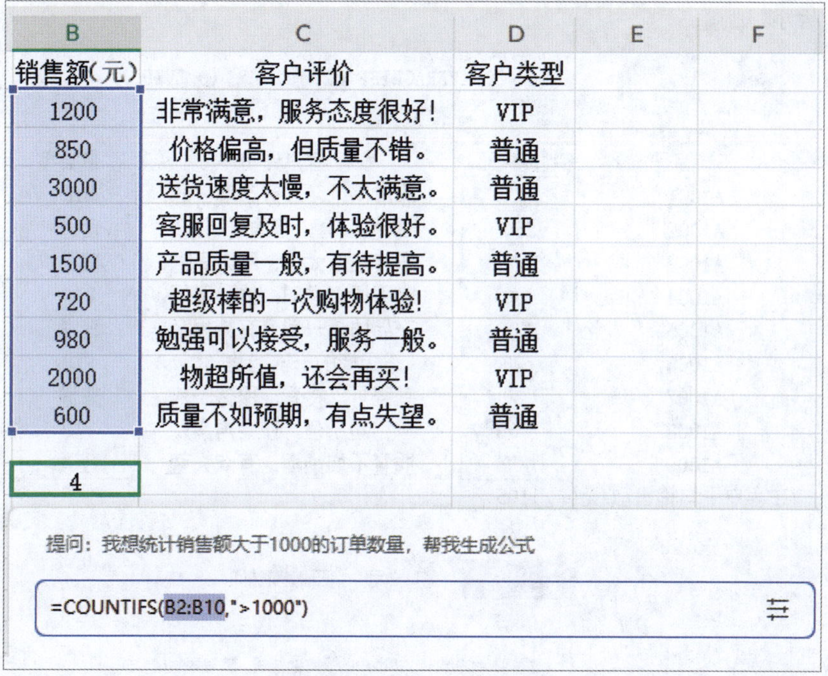

B	C	D	E	F
销售额(元)	客户评价	客户类型		
1200	非常满意，服务态度很好！	VIP		
850	价格偏高，但质量不错。	普通		
3000	送货速度太慢，不太满意。	普通		
500	客服回复及时，体验很好。	VIP		
1500	产品质量一般，有待提高。	普通		
720	超级棒的一次购物体验！	VIP		
980	勉强可以接受，服务一般。	普通		
2000	物超所值，还会再买！	VIP		
600	质量不如预期，有点失望。	普通		
4				

提问：我想统计销售额大于1000的订单数量，帮我生成公式

=COUNTIFS(B2:B10,">1000")

图 3-4 AI 写公式（任务 02）

不需要手动输入 COUNTIFS 函数，也不必选数据范围，只要你能准确表达需求，你想要的结果就能瞬间显示在指定单元格中。

任务 03 按客户类型计算平均销售额

前两项任务比较简单，现在任务升级，需要同时统计出两项数据，来看看 WPS AI 的强大。

在表格的最后一列，将客户分成了"普通"和"VIP"两类，统计不同类型客户的平均销售额可以帮助企业优化市场策略。

这里完全不需要借助筛选功能先对客户进行分类再统计，而是可以直接提出需求，一步到位地获得答案。

先选中其中一个单元格，启用 AI 写公式功能，在对话框中输入：

"我想统计 VIP 客户的平均销售额，请帮我生成公式。"

WPS AI 会自动选择恰当的函数公式，将统计结果输入单元格中，如图 3-5 所示。

	SUM			f_x	=AVERAGEIFS(B2:B10,D2:D10,"VIP")

	A	B	C	D
	订单编号	销售额(元)	客户评价	客户类型
	A1001	1200	非常满意，服务态度很好！	VIP
	A1002	850	价格偏高，但质量不错。	普通
	A1003	3000	送货速度太慢，不太满意。	普通
	A1004	500	客服回复及时，体验很好。	VIP
	A1005	1500	产品质量一般，有待提高。	普通
	A1006	720	超级棒的一次购物体验！	VIP
	A1007	980	勉强可以接受，服务一般。	普通
	A1008	2000	物超所值，还会再买！	VIP
	A1009	600	质量不如预期，有点失望。	普通
	VIP客户平均销售额/元	1105		

完成　　🗑 弃用　　💬 重新提问

提问：我想统计VIP客户的平均销售额，请帮我生成公式

=AVERAGEIFS(B2:B10,D2:D10,"VIP")

图 3-5　AI 写公式（任务 03）

如法炮制，也能得到普通客户的平均销售额。

任务 04　判断客户评价的情感倾向

前三项任务都是数字的统计汇总，但表格中的信息并不只有数据，还有很多文本信息，如客户评价。数字的统计计算固然重要，但在商业分析中，

除了数值计算，文本数据的处理同样重要，因为文本数据往往能提供更深入的洞察。

然而在以前，文本数据很难通过公式来处理，只能靠人工去理解判断。现在，WPS AI 提供了专门的 AI 功能，能够进行情感分析、关键词提取、自动总结等操作。

具体操作如下：

先在表格"客户评价"右侧新增空白的一列，即 D 列，这里将用来显示情感分析结果，然后选中"D2"单元格。

因为要想对一整列的客户评价进行情感倾向分析，需要用到批量生成的功能，所以，打开顶部"WPS AI"菜单栏下面的"批量生成"功能，如图 3-6 所示。

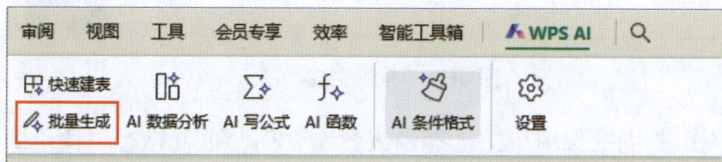

图 3-6 "批量生成"功能入口

在批量生成功能的对话框中，输入当前的规则要求，也就是希望 AI 如何判定，比如，"正面"代表好评，"负面"代表差评。这里我们可以输入：

"将客户评价分类为'正面'和'负面'两类，并填入此列。"

批量生成窗口会显示如图 3-7 所示的内容。

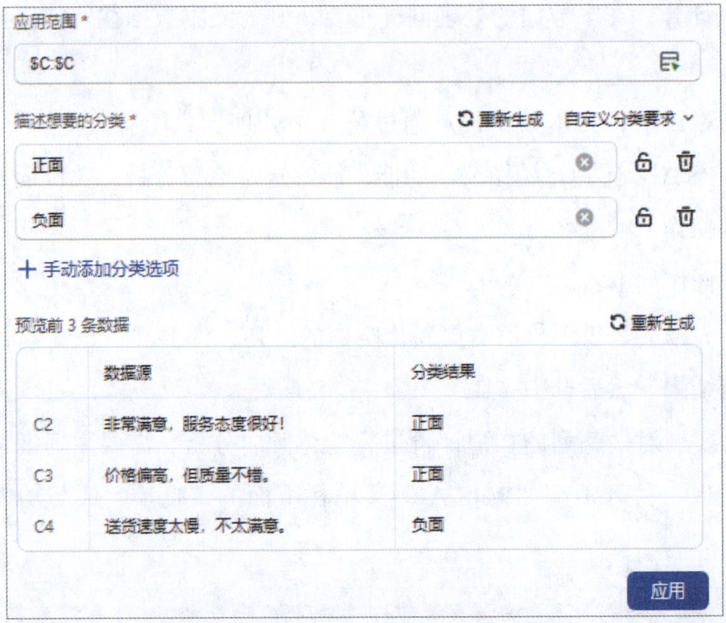

图 3-7 “批量生成”窗口

在“应用范围”选项里，已经输入整个C列，也就是客户评价所在的列；而“描述想要的分类”也分出了“正面”和“负面”两类。

下面可以预览前3条数据，看一看AI的判断有没有误差。确认无误后点击“应用”，一整列的数据就填写好了，如图3-8所示。

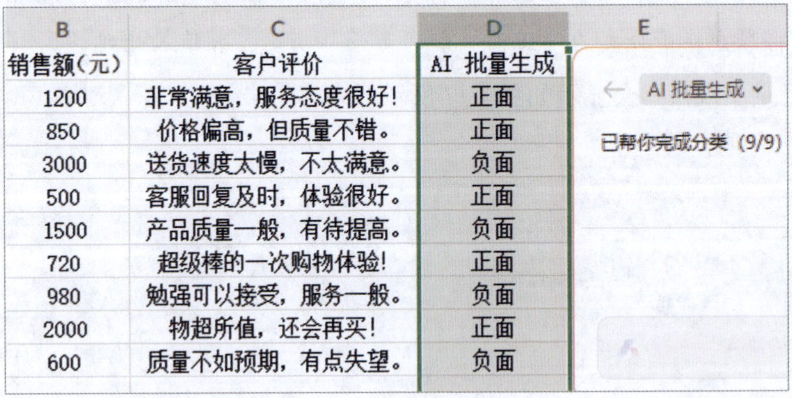

B	C	D
销售额（元）	客户评价	AI 批量生成
1200	非常满意，服务态度很好！	正面
850	价格偏高，但质量不错。	正面
3000	送货速度太慢，不太满意。	负面
500	客服回复及时，体验很好。	正面
1500	产品质量一般，有待提高。	负面
720	超级棒的一次购物体验！	正面
980	勉强可以接受，服务一般。	负面
2000	物超所值，还会再买！	正面
600	质量不如预期，有点失望。	负面

图 3-8 AI 批量生成结果

整个过程不到1分钟，不需要人工阅读，不需要手动打标签，AI直接帮我们搞定了整个客户评价的情感倾向判断。

有些人可能会想："那我能不能加一个'中性'分类？"当然是可以的，只需要在分类里多输入一个"中性"，AI 就会把评价分成三类，而不是单纯地分为"正面"和"负面"。但如果数据量不大，分类越简单越好，分析起来也更直观。

【案例背景·利用对话式 AI 工具辅助】

在前面的任务示例里，我们看到了 WPS AI 这样直接嵌入办公软件的 AI 工具所具备的独特之处，即用户不必指定表格里具体哪些列属于"销售额"或"客户评价"，只需在对话框里说"想算一算销售总额"，或"将客户评价分成正面和负面"这样的大致需求，系统就会自动识别出对应数据范围并完成计算或分类，这就省了很多解释成本。

换句话说，只要表头信息清晰，WPS AI 几乎能"读懂"你的表格，然后迅速给出你想要的结果，不必把数据上传，也不用来回下载处理后的文件。这种不费心的交互，着实把表格运算提升到一个更轻松的层次。

不过，如果数据统计任务不是在表格中填入对应的数据，而是需要生成新的内容，并进行复杂的计算，那么利用对话式 AI 工具辅助处理起来，或许效率会更高。

接下来，再演示几个单纯用对话式 AI 工具完成数据统计的操作任务。

任务 05　基于"客户评价"，提取关键词或短语，并计算出现频次

这个任务的目标是把"客户评价"里的话进行分词或关键词检测，搞清楚哪些词语出现的次数较多。举个例子，"快递慢"一旦高频出现，说明物流环节有潜在问题；"物超所值"多次出现，表示产品性价比广受认可。平时想要做这种文本分析，我们往往需要先把评价导出，再用分词工具处理，会比较麻烦。现在可以直接让 AI 搞定。

先把表 3-1 中的所有内容截图复制，粘贴到 AI 工具的对话框中，然后发出指令：

"我想从这些客户评价里提取关键词或短语，然后统计它们出现的频次，看看客户都在评价里提到哪些高频词。请帮我先分词，再给出词频排行，并区分正面反馈和反面反馈。"

AI 会先对每条评价做分词处理，如"满意""服务""质量""送货速度"等，然后统计它们出现了几次，把结果列个清单，如图 3-9 所示。

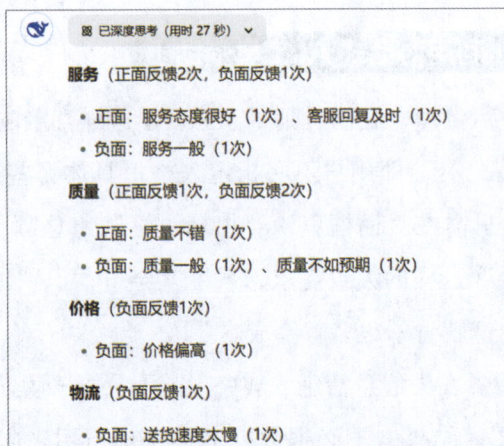

图 3-9　DeepSeek 总结高频词

拿到 AI 给的词频统计后，你可以回到 WPS 表格，新建一列"关键词"与"出现次数"，把数据粘贴过去；也可以做个柱状图看看哪些词语最常出现，这就把文本分析的工作量大大减少了。

任务 06　按照客户类型分组，分别计算销售额总和、平均销售和订单数量

很多公司会把客户区分为"VIP"与"普通"两大类，借此更直观地了解这两类客户在购买力、订单数上的差异，进而决定是否要在某一类客户身上投入更多资源或策划更多营销活动。过去，要想做这样的分析，财务人员可能要先在表格里对客户类型加以筛选，然后分别求和、计算平均值，并统计订单数；过程中若遇到客户类型更多的情况，还需重复多次。

对话式 AI 出现后，只要一句话：

"按照'VIP 客户'和'普通客户'分类，分别计算不同类型客户的总销售额、平均销售额和订单数，生成一个新的表格，展示出来。"

AI 就能瞬间完成分组运算，如图 3-10 所示。

客户类型	总销售额	平均销售额	订单数
VIP	4420	1105	4
普通	6930	1386	5

图 3-10　DeepSeek 生成销售数据汇总表

整个操作过程十分简单，不需要手写 SUMIFS、AVERAGEIFS 以及 COUNTIFS 函数公式。两类客户在金额和订单数上的差异能直接被计算出来，并被列在一张新的表格上，一目了然。

当然，对于 AI 计算的结果也不可尽信，最好是随机找一个数值进行验证，验证无误再将表格数据复制下来，粘贴到一个空白表格文档中，这样数据就保存在本地了。

任务 07　基于"客户评价"文本，为每条订单做一个综合评分

在任务 04 中，我们只是将客户评价的情感倾向，简单地做出了"正面"或"负面"的区分。但很多时候，仅仅是简单的区分并不能说明问题。因为有些评价可能包含多个侧面信息，比如，对价格不满意但认为服务态度还行，这种中间状态在二元划分下很难体现。

在这种情况下，比较合理的处理方式是给客户评价打一个分数，比如，在 1～5 分区间里给出一个得分，1 分是最差，5 分是最好，从而更细致地反映客户对产品或服务的满意度。

从财务角度看，这种"满意度指数"可以帮助你评估不同价格区间的产品是否与客户评价呈正相关，或者产品毛利率更高的项目是否遭遇更多负面评价。如果将来还想做数据挖掘，比如，找出哪些特征最能影响评分，AI 还可以结合文本内容分析背后的原因。

总之，这个综合评分的思路，是在传统以数字为主的财务表格里加入一

项 "软指标"，用来捕捉客户情感或体验方面的信息，给管理层多提供一个维度的决策依据。

操作起来也很简单，需求表达越清楚，越能达到我们想要的效果。比如，可以给出这样的指令：

"我想基于'客户评价'文本，为每条订单做一个综合评分，添加在表格的最后一列。客户评价若出现'非常满意''超级棒''再买'等明显积极词，权重 +1，若出现'不太满意''有点失望''质量一般'之类偏负面词，权重 −1，最终将评价转化为一个 1～5 分的区间，过于正面可达 5 分，过于负面可降到 1 分，中性就 3 分左右。"

AI 会逐条给出"综合评分"，列出一份新表，如图 3-11 所示。

订单编号	销售额(元)	客户评价	客户类型	综合评分
A1001	1200	非常满意，服务态度很好！	VIP	5
A1002	850	价格偏高，但质量不错。	普通	3
A1003	3000	送货速度太慢，不太满意。	普通	1
A1004	500	客服回复及时，体验很好。	VIP	4
A1005	1500	产品质量一般，有待提高。	普通	2
A1006	720	超级棒的一次购物体验！	VIP	5
A1007	980	勉强可以接受，服务一般。	普通	3
A1008	2000	物超所值，还会再买！	VIP	5
A1009	600	质量不如预期，有点失望。	普通	1

图 3-11　DeepSeek 生成客户评价的综合评分

从这张表格来看，DeepSeek 给出的综合评分是比较合理的。像 A1001 那条客户评价中出现了"非常满意"这样明显的积极字眼，所以打了 5 分。而像 A1003 的客户评价中提到"太慢""不太满意"双重负面字眼，打 1 分非常符合逻辑。

如果我们要人为地仔细翻每条评价，再做这种统计，量大时就非常耗时。AI 的自动判断能力在实践中确实令人惊喜。

这三个任务展示了对话式 AI 工具在统计数据方面的能力，以后遇到更复杂的需求，我们只要和 AI "沟通"具体逻辑，如分组统计、文本情感分析、评分计算等，就可轻松实现自动批量处理。

○【复盘总结】

根据前后任务对比，我们可以看出 WPS AI 的优势是 "开箱即用"，无须过多列名解释，也不用在事后下载、上传结果。而对话式 AI 工具的优势在于不局限于单一软件，可以对更复杂的指令做深度解析。

具体该选哪种方式，需要对照实际需求。要是数据本身就在 WPS 里，且只是数值统计，WPS AI 可能够用；但如果需要处理大量文本评分或各种自定义分值，那么对话式 AI 工具的自由度更高。

在用 AI 搞定日常数据统计后，我们也可以把更多带有统计或分析性质的任务交给它，比如，做趋势预测或自动生成摘要报表，甚至于结合可视化工具呈现图表与文字解读。这样，财务人员就不会再被公式困住，能把更多时间花在专业判断与决策支持上，让数字背后的业务价值真正发挥出来。

最后要提醒的是，无论选择何种方式，财务人都需要做好最后的核对与审阅，毕竟 AI 的推理并非完美，偶尔也会 "猜错列名"或 "漏掉特殊行"，所以在发布结论前一定要抽样检查，确认无误差后再写进正式报表里。

3.2　资产折旧额计算

在企业里，每项资产有不同的使用年限、残值和折旧方法。要想统计设备投入的利润率，也需要先确认成本项是否含人工、运营等多重要素。

有些人为了搞定这些公式，不得不在表格里用 IF、SUM、LOOKUP 等函数写成一连串公式，稍有改动就怕牵一发而动全身。这样下来，大家会将大部分精力耗在公式维护上，而不是真正用数据来分析业务。

AI 对此有何良策？一起来看看下面的案例。

○ 【案例背景】

假设某公司新购入 3 台设备，每台设备每月能产生一定收入，也存在固定的使用成本以及折旧费用。以下是设备的详细信息，如表 3-2 所示。

表 3-2　设备信息表

设备名称	月收入 （元）	月使用成本 （元）	购入成本 （元）	预计残值 （元）	预计使用年限 （年）
设备 A	20000	8000	100000	20000	5
设备 B	15000	5000	80000	10000	5
设备 C	10000	3000	60000	5000	4

○ 【任务演示】

任务 01　计算月折旧额

设备购入成为公司的固定资产，而固定资产需要每个月计提折旧费用，我们先来计算月折旧额。

一般来说，大部分固定资产采用的是年限平均法来计算折旧费用，相关公式如下：

（购入成本 − 预计残值）/（使用年限 × 12）

现在我们不去自己输入公式，尝试直接在 WPS 表格中调用公式。

先在表格中新增一列"月折旧额"，然后调出 WPS AI，点击"AI 表格助手"，该功能是表格处理的集成功能入口，就在"WPS AI"菜单栏的最左侧。如果不清楚自己是需要"快速问答""批量生成"，还是"AI 写公式"，那么直接打开集成入口，就能调用所有的功能。

选中 G2 单元格，在对话框中输入：

"按照年限平均法，计算设备的月折旧额，生成公式并填入单元格中。"

这里有一点需要注意，表格中的各项数据的格式需要修改为"数值"，如果格式为"文本"或者"常规"等其他格式，即便内容是数字，WPS AI 仍旧不能准确识别，会给出错误信息，或者提示无法成功。

WPS AI 很快给出如图 3-12 所示的公式。

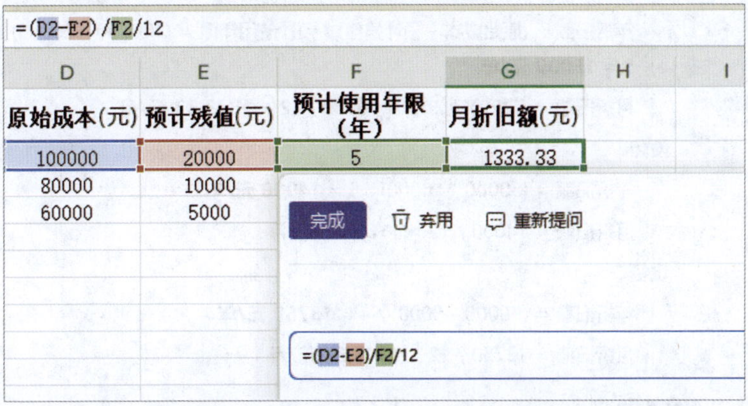

图 3-12 WPS AI 生成月折旧计算公式

因为此处调用的功能不是批量生成，所以结果直接生成了设备 A 的"月折旧额"。下面可以采用公式下拉的方式，将另外两个设备的月折旧额填充到对应的单元格中，如图 3-13 所示。

设备名称	月收入（元）	月使用成本（元）	原始成本（元）	预计残值（元）	预计使用年限（年）	月折旧额（元）
设备A	20000	8000	100000	20000	5	1333.33
设备B	15000	5000	80000	10000	5	1166.67
设备C	10000	3000	60000	5000	4	1145.83

图 3-13 公式下拉填充效果

以上过程相对来说操作起来是比较复杂的，因为要先输入口令，同时保证数据的格式正确，最后还需要公式下拉填充才能完成。

现在我们用 DeepSeek 再来完成相同的任务。

将表 3-2 中的数据截图上传给 DeepSeek，并提问：

“根据表格内容，用年限平均法计算每个设备的月折旧额。”

DeepSeek 详细展示出计算的过程和最后的结果，如图 3-14 所示。

已深度思考（用时 21 秒）

根据年限平均法（直线折旧法）计算各设备的月折旧额如下：

1. **设备A**
   - 年折旧额 = (原始成本 - 预计残值) / 预计使用年限 = (100000 - 20000) / 5 = **16000 元/年**
   - 月折旧额 = 年折旧额 / 12 = 16000 / 12 ≈ **1333.33 元/月**
2. **设备B**
   - 年折旧额 = (80000 - 10000) / 5 = **14000 元/年**
   - 月折旧额 = 14000 / 12 ≈ **1166.67 元/月**
3. **设备C**
   - 年折旧额 = (60000 - 5000) / 4 = **13750 元/年**
   - 月折旧额 = 13750 / 12 ≈ **1145.83 元/月**

最终答案：

- 设备A月折旧额：\boxed{1333.33} 元
- 设备B月折旧额：\boxed{1166.67} 元
- 设备C月折旧额：\boxed{1145.83} 元

图 3-14　DeepSeek 计算设备折旧额

可以看到，这个结果与前面 WPS AI 给出的结果是一致的，剩下的就需要人工将结果输入对应的单元格。

但是，很多人并不想要这样的直接的结果输入，因为如果设备的其他数据出现变化，这些折旧额就需要重新计算，不如公式来得便捷，会自动跟随数值变化进行调整。

当然，这只是更改指令的问题，我们只需要在指令中添加一句话，就能得到对应的公式，而不是计算结果：

“根据表格内容，用年限平均法计算每个设备的月折旧额，生成表格函数公式，让我填充到表格中。”

注意，这里截图上传的图片最好将表格数据的行、列都截取全面，还包括新增的"月折旧额"所在的 G 列，这样 AI 给出的公式就能直接套用，不需要人工再去辨别其中的单元格位置是否正确。

DeepSeek 给出的结果如图 3-15 所示。

> 🐋　❊ 已深度思考（用时 25 秒） ⌄
>
> 以下是各设备的月折旧额计算公式及填充位置说明：
>
> | 设备名称 | 月折旧额公式（填充位置） | 函数公式表达式 |
> | --- | --- | --- |
> | 设备A | G2 单元格 | =(D2 - E2)/(F2*12) |
> | 设备B | G3 单元格 | =(D3 - E3)/(F3*12) |
> | 设备C | G4 单元格 | =(D4 - E4)/(F4*12) |
>
> **操作步骤：**
>
> 1. 在表格右侧新增一列 **G列**，标题为"月折旧额"。
> 2. 在对应设备的行中填入上述公式（如设备A填入G2单元格）。
> 3. 公式会自动计算月折旧额，结果保留两位小数（如 1333.33 元）。

图 3-15　DeepSeek 生成折旧函数公式

在表格中粘贴设备 A 的计算公式，就能通过向下拉动填充将公式填满整个 G 列。这样的辅助比直接给出计算结果可能更符合财务工作需要。

任务 02　计算月净利润率

在工作中，管理层可能会关心："这三台设备本月给公司带来多少净收益呢？"这就需要计算每台设备的月净利润率。

月净利润＝月收入 − 月使用成本 − 月折旧额

月净利润率＝月净利润 ÷ 月收入

分步计算，步骤又增加了，将这个任务交给 AI 来试试吧！因为涉及多重计算，外部的对话式 AI 工具（如 DeepSeek）使用起来可能要更加方便一些。

在对话框中输入：

"根据前文的图表，继续计算每台设备的月净利润和月净利润率，用表格函数表示。"

这里已经不需要上传截图或者说一大堆的前情提要了，因为 AI 是有记忆性的，可以自动回忆上下文并做出回复，如图 3-16 所示。

以下是计算每台设备月净利润和月净利润率的表格函数公式及填充说明：

表格公式填充说明

设备名称	月净利润公式（H列）	月净利润率公式（I列）
设备A	=B2 - C2 - G2	=H2/B2（格式化为百分比）
设备B	=B3 - C3 - G3	=H3/B3（格式化为百分比）
设备C	=B4 - C4 - G4	=H4/B4（格式化为百分比）

操作步骤

1. **新增列**：在表格右侧新增两列：
   - **H列**：标题为"月净利润"
   - **I列**：标题为"月净利润率"

2. **填充公式**：
   - **月净利润**：在对应设备的行中填入公式（如设备A的H2单元格填入 =B2-C2-G2 ）。
   - **月净利润率**：在I列对应单元格填入公式（如设备A的I2单元格填入 =H2/B2 ），并将单元格格式设置为百分比（保留两位小数）。

3. **结果验证**（以设备A为例）：
   - 月净利润：`20000 - 8000 - 1333.33 = 10666.67 元`
   - 月净利润率：`10666.67 / 20000 = 53.33%`

图 3-16　DeepSeek 生成月净利润和月净利润率函数公式

DeepSeek 不光给出了函数公式，还列示出详细的操作步骤，引导我们新增两列，然后填入对应的公式，甚至还标注了月净利润率的单元格格式需要转化为百分比的格式。

这些公式与前面我们自己所列的公式是一致的，最后填充完成的效果如图 3-17 所示。

	A	B	C	G	H	I
1	设备名称	月收入（元）	月使用成本（元）	月折旧额（元）	月净利润（元）	月净利润率
2	设备A	20000	8000	1333.33	10666.67	53.33%
3	设备B	15000	5000	1166.67	8833.33	58.89%
4	设备C	10000	3000	1145.83	5854.17	58.54%

图 3-17　函数公式填充完成效果

任务 03　计算设备投入回收期

管理层经常问："公司买这台设备花了 10 万元，多长时间能回本？"这一场景中，财务人需要计算设备的投入回收期。

借助先前已经计算出来的设备月净利润，我们能够快速判断设备回收的期限。

这里我们还是利用 DeepSeek 来解答相关问题。指令可以这样写：

"根据前文的计算结果，判断每台设备的投入回收期限是多久，以月为单位。"

DeepSeek 的答复如图 3-18 所示。

> ⊗ 已深度思考（用时 13 秒） ∨
>
> 以下是每台设备的投入回收期限（以月为单位）的表格函数公式及结果：
>
> **表格公式填充说明**
>
> | 设备名称 | 投入回收期限公式（J列） | 数值结果（月） |
> |---|---|---|
> | 设备A | =D2/H2 | 9.38 |
> | 设备B | =D3/H3 | 9.06 |
> | 设备C | =D4/H4 | 10.25 |

图 3-18　DeepSeek 生成投入回收期限公式

每台设备的投入回收期限函数公式和结果都清楚地显示出来，帮助管理层了解设备投入的风险与收益。

任务 04 一台设备多阶折旧

在实际财务处理中，有些设备在使用周期中的不同阶段会对应不同的折旧策略。比如，前两年可能采用年限平均法，后面因为技术进步导致设备更新换代速度加快，转而采用加速折旧法。这种分阶段的折旧规则往往比单纯的直线折旧更能反映设备在早期的快速价值衰减。

以设备 A 为例，前两年采用年限平均法，后三年则切换为加速折旧法。这意味着整台设备的后三年寿命中，每一年的折旧额都不一样。如果要在表格中写清每一年的折旧额，就必须先算出前两年计提多少、剩余价值多少，再从第三年起重新定义折旧率或次数。

整个过程无须自行计算，只需要在 AI 工具的对话框里输入："设备 A 前三年采用年限平均法计提折旧，从第三年开始采用加速折旧法计提折旧，列出每年的折旧金额与年末剩余价值，并给出表格公式方便在 WPS 表格中实现。"

AI 便能快速做出答复，如图 3-19 所示。

⊗ 已深度思考（用时 19 秒）∨

设备A折旧计算表

年份	年折旧额（元）	年末剩余价值（元）
1	16,000	84,000
2	16,000	68,000
3	24,000	44,000
4	16,000	28,000
5	8,000	20,000

图 3-19 DeepSeek 计算多阶折旧额

DeepSeek 已经列出设备 A 逐年折旧数额，我们可对其中数字做检查，以确定 AI 是否给对公式，并在表格中落地。

前两年采用年限平均法：

$$年折旧额＝（原始成本－残值）/ 预计使用年限$$

$$＝（100000-20000）/5 = 16000（元）$$

第一年年末剩余价值：100000-16000 = 84000（元）

第二年年末剩余价值：84000-16000 = 68000（元）

从第三年起，采用年数总和法计提折旧：

$$剩余净值基数＝原始成本－前两年累计折旧－残值$$

$$＝100000-32000-20000 = 48000（元）$$

$$剩余年限总和＝3+2+1 = 6（年）$$

第三年：

折旧额＝ 48000×（3/6）= 24000（元），剩余价值＝ 68000-24000 = 44000（元）

第四年：

折旧额＝ 48000×（2/6）= 16000（元），剩余价值＝ 44000-16000 = 28000（元）

第五年：

折旧额＝ 48000×（1/6）= 8000（元），剩余价值＝ 28000-8000 = 20000（元）

可以发现，结果准确无误。通过多阶折旧，企业能更真实地反映设备价值曲线，而不必死板地用直线法；对话式 AI 让这一过程不再需要复杂的公式拆分。若要改成"前三年加速折旧，后两年年限平均法"，或者后续要提前卖出设备，也只需修正指令内容即可。

任务 05　设备投资内部收益率估算

很多企业在做设备投入时，除了看月度或年度收益，还希望知道五年或四年后卖掉设备能得到多少回收价值，并据此估一个内部收益率（IRR），判断这笔投资是否划算。

仍旧利用前面计算的原始数据，如果担心数据差异，可重新截图上传，并在 AI 工具输入框中输入：

"参考图片中的数据，假设第三年年末，将各设备按残值卖出。以月净利润为现金流，请帮我估算内部收益率（IRR），并判断每台设备的投资是否划算。"

DeepSeek 的计算过程如图 3-20 所示。

设备名称	年化IRR	投资是否划算（资本成本<IRR）
设备A	24.45%	是
设备B	30.72%	是
设备C	27.08%	是

注：假设资本成本通常为8%-15%，所有设备IRR均高于此范围，投资均划算。

图 3-20　DeepSeek 估算设备投资内部收益率

我们手动计算一下设备 B 的投资内部收益率，来验证一下 DeepSeek 给出的结果。

设备 B 现金流序列：

第 0 个月：−80000（元）

第 1~35 个月：8833.33（元）

第 36 个月：月净利润 + 残值 =8833.33+10000=18833.33（元）

年化 IRR =（1+0.0225）^{12}−1≈30.72%

结果与 DeepSeek 给出的一致，验证通过。可见，以往要写多行现金流表才能估算出 IRR，现在 AI 直接自动生成表格。如果卖出价格有所变化，只需一句话修改指令即可，不用大规模重写公式。

若用 WPS AI 处理该任务，则需要在表格中先建现金流列或做多列月度数据，然后调用 AI 组件来撰写 IRR 函数公式，效果最后是一样的。

○ 【复盘总结】

复盘这几项任务，可以直观地感受到，AI 不只是单纯的"写公式工具"，也能够在财务核算的过程中承担不少思考性工作。从最初的"每月折旧额"到"月净利润率"，再到考虑回收期、做多阶段折旧，乃至在设备结束使用后进行回收价值评估，这些需求背后都有一个共通点——需要将多种逻辑组合到一起，理解指令并给出准确的答复。

这种工作处理方式的优势是把那些经常改来改去的"假设"拉到对话里进行动态讨论。比如，我们最常见的场景，领导提出："设备 B 如果打算只用三年，第三年年末卖掉还能回收多少钱？这样跟用满五年相比，哪种选择更划算？"

过去，我们得先在表格里算出三年折旧、三年收入，再加上回收价，算一个简单收益，然后还要建另一套公式对比使用五年的情况。但现在，只要一句话："假设设备 B 三年末卖 12000 元，帮我算它三年共挣多少，再跟五年折旧完的总收益比一下，看差异是多少。"对话式 AI 会直接列个对比表出来。

一个可拓展的思路是，对已经折旧完的设备进行二次评估，比如，设备原本有五年寿命，但实际在第四年发生重大故障，需要额外维修费，这时折旧与收益都被打乱。若我们按传统方法，得先插入"第四年维修费"这列，再在折旧公式里减一下残值，然后调"回收期"公式。这样的话，条件改动，全篇公式都需要重新调整，而 AI 则可以瞬间重新跑一次逻辑。

最后，别忽略 AI 的对话记忆能力。如果我们先做了月折旧额，再算月净利润，之后只要继续在同一对话中提问"那这台设备的回收期是多少"，AI 就能自动读取之前算好的净利润再累加，不用专门传递相关列或重复数据。这样在多步骤运算的情形下很方便，尤其当一个问题引出更多衍生问题时，无须回到办公软件里，就可以不停地提问，让 AI 来处理问题。

3.3 智能分摊项目成本与费用

核算成本在财务工作中是绕不开的一环。一些生产经营过程比较复杂，需要对成本进行精确核算、分析和控制以提高经济效益的生产制造型企业、大型连锁零售企业、建筑施工企业等，会设有专门的成本会计岗位。

在成本核算过程中，为了核算出每个项目的真实成本，企业一般需要把公司层面的一些公共费用或各部门共同承担的支出，合理地分摊到具体项目中。比方说，项目组 A 用了多少人力、项目组 B 占用了多少办公资源，还有一些难以直接追溯的管理费、场地费、设备折旧费，都需要分配到各项目中。整个计算与分配过程十分复杂，任何微小的误差都可能导致报表失真，进而影响绩效考核和决策。

现在，借助 AI 工具，我们可以用更自然的语言告诉它分摊规则，让它一次性把公共成本分摊到各项目中，大大减少维护公式的负担。

○ 【案例背景】

某公司当前有 3 个在研项目，分别是项目 A、项目 B 和项目 C，都在同一个年度中进行。公司层面有部分共同费用，如租金、水电、管理费、设备折旧等，需要分配到这 3 个项目当中，以便年底时能看出各项目的真实成本和盈亏情况。

各项目数据如表 3-3 所示。

表 3-3　项目基本数据

项目名称	项目初始人数	工时（小时）	本期产值（万元）
项目 A	10	600	50
项目 B	20	1200	90
项目 C	15	900	75

○ 【任务演示】

任务 01　按人数分摊办公租金

公司有一笔 60 万元的年度办公租金需要分摊，一般人越多，占用的空间、资源也相对越多，所以最直观的方式就是按照项目所用的人数进行分摊。

3 个项目的初始人数分别有 10、20、15 人，那么项目 A、B、C 占比就是 10/45、20/45、15/45，分别需要分走 60 万元的其中一部分。

看上去似乎非常简单，但实际运作中，人员数量可能随着项目进展发生变化，比方说，6 月 1 日，项目 A 新入职 1 人，人数变成 11；等到了 9 月 30 日，项目 B 因为某阶段结束，减少 2 人，变成 18 人；项目 C 的人数一直保持不变。

这样一来，整年的分摊方式就不能再按照初始人数分摊，而是需要在表格里写多行公式，比如，1~5 月用旧人数合计 45 人，6~9 月改成 46 人，10~12 月又改成 44 人；再在每个月的列写 IF 函数，一旦人数再有变动，还得一个个检查是否跟公式对上，计算起来比较麻烦。

而当我们使用 AI 工具，这些随时间变化的分摊逻辑就可以一次性理清。将表 3-3 中的数据上传，并在对话框中输入指令：

"本年度 6 月 1 日，项目 A 新入职 1 人，人数变成 11；等到了 9 月 30 日，项目 B 因为某阶段结束，减少 2 人，变成 18 人；项目 C 的人数一直保持不变，结合表格数据，按项目人数，对全年 60 万元的租金成本进行合理分摊，最后列成表格展示。"

计算的结果与过程如图 3-21 所示。

项目名称	分摊金额（元）
项目A	140,880
项目B	259,500
项目C	199,620

计算说明：

1. **加权人数计算：**
   - 项目A：前5个月10人，后7个月11人 → $10 \times 5 + 11 \times 7 = 127$ 人·月
   - 项目B：前9个月20人，后3个月18人 → $20 \times 9 + 18 \times 3 = 234$ 人·月
   - 项目C：全年15人 → $15 \times 12 = 180$ 人·月
   - 总加权人数：$127 + 234 + 180 = 541$ 人·月
2. **分摊比例：**
   - 项目A：$127/541 \approx 23.48\%$
   - 项目B：$234/541 \approx 43.25\%$
   - 项目C：$180/541 \approx 33.27\%$

图 3-21　DeepSeek 计算租金成本分摊金额

DeepSeek 清晰地呈现了人力加权方式的分摊过程：首先，明确每个项目在不同月份里各自的人数；其次，把这些人力月数加总；再次，计算出每个项目在合计 541 人·月中所占的比例；最后，将结果再乘以总金额。

看起来，这个方法不仅让分摊过程更灵活，还避免了在表格里反复修改公式的烦琐。当人力再次变动，我们只需告诉 AI 新的人数变化和时间节点，马上就会得到更新后的结果。

任务 02　按工时分摊水电费

公司本期水电费 20 万元，假设消耗工时越多，对水电占用也越大，因此根据项目占用的工时长短来做水电费的分配。

根据表 3-3，项目 A 累计工时 600 小时，B 是 1200 小时，C 是 900 小时。

我们调出 AI 工具，将表 3-3 中数据上传给 AI 工具，并在对话框中输入指令：

“请按照工时比例，将 20 万元的水电费分摊给各个项目，把结果用表格的形式列出来。”

计算结果与过程如图 3-22 所示。

已深度思考（用时 39 秒）

项目名称	分摊金额（元）
项目A	44,444
项目B	88,889
项目C	66,667

计算说明：

1. **总工时**：600 + 1200 + 900 = **2700 小时**
2. **分摊比例**：
   - 项目A：600/2700 ≈ **22.22%**
   - 项目B：1200/2700 ≈ **44.44%**
   - 项目C：900/2700 ≈ **33.33%**

图 3-22 DeepSeek 计算水电费成本分摊金额

当然，部分公司也可能加些细节，比如，如果项目 C 是外包形式，就不摊水电。我们只要用一句话告诉 AI “排除项目 C”，它就会直接略过。

至于后续有人问“为什么只看工时，不看人力”，那就涉及另一种分配思路了。AI 可以把多种分配法对比一遍，一次性给出多套结果供财务决策，这在纯手动场景里是非常烦琐的过程。

任务 03 依据产值来分配公共费用

在某些项目管理过程中，企业更倾向于用“产值”也就是产出额、营收贡献等指标，来为公共费用做分配。这样可以让项目中那些贡献更高收入的团队承担更高比例的管理费或水电等成本，体现一种“多赚多分”的公平原则。举个例子，如果公共费用总额是 120 万元，项目 A 的产值为 50 万元，

B 的产值为 90 万元，C 的产值为 75 万元，那么对比之下，B 贡献产值最大，对企业收益帮助更明显，所以它相应要承担更高比例的费用；而 A 与 C 也按各自产值占比付出各自份额。

下面演示如何直接在 WPS 中通过调用 AI 功能组件完成任务，这里要用到的是"AI 写公式"功能。

先把"项目名称""本期产值（万元）""公共费用分摊（万元）"这三项标题列在表格中，前两项的数据填充好，最后一列空白，是用来呈现分摊结果的。

接着选中 C2 单元格，打开"AI 写公式"，在对话框里直接告诉它：

"现有 120 万元公共费用，需要按照各项目产值的占比来分摊，帮我生成项目 A 应分摊费用金额的公式。"

WPS AI 会自动识别这三行产值并形成一个对应结果，点击"完成"即可将结果填充在表格中，如图 3-23 所示。

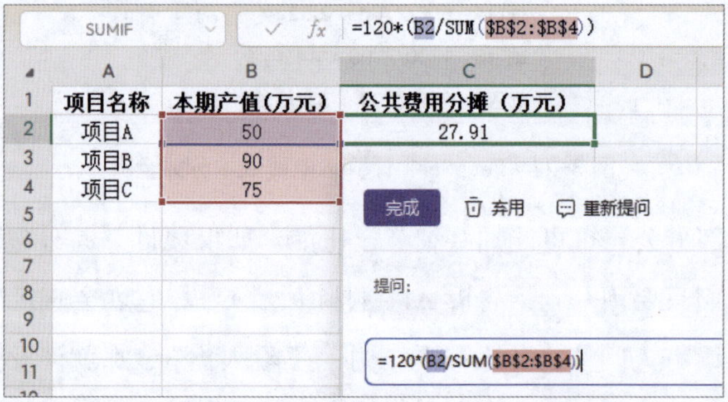

图 3-23 WPS AI 生成项目 A 公共费用成本分摊公式

注意，这里最好提前将"公共费用分摊（万元）"一列的单元格格式设置为"数值"并保留 2 位小数，否则呈现出来的结果会保留小数点后很多位数。

将 C2 单元格的公式下拉填充到其他行，就得到了完整的公共费用分摊结果，如图 3-24 所示。

	A	B	C	D
1	项目名称	本期产值(万元)	公共费用分摊（万元）	
2	项目A	50	27.91	
3	项目B	90	50.23	
4	项目C	75	41.86	

图 3-24　表格公式下拉填充结果

我们核对一下 3 笔公共费用分摊金额的总和，恰好是 120 万元。

同样的问题抛给 DeepSeek，也能获得一份完美答卷，如图 3-25 所示。

已深度思考（用时 14 秒）

项目名称	分摊金额（万元）
项目A	27.91
项目B	50.23
项目C	41.86

计算说明：

1. **总产值**：50 + 90 + 75 = **215 万元**
2. **分摊比例**：
   - 项目A：50/215 ≈ **23.26%**
   - 项目B：90/215 ≈ **41.86%**
   - 项目C：75/215 ≈ **34.88%**

图 3-25　DeepSeek 计算公共费用成本分摊金额

与前面利用 WPS AI 计算的结果一致，也算一种相互验证的办法。

任务 04　多维度混合权重分配管理费

有时候，公司并不想单看人数或单看工时，而是把人数、工时总量、产值贡献都纳入分摊依据，并且给它们设定不同权重。比如，人力权重 40%、工时权重 30%、产值权重 30%。

这种想法很常见，避免了只用一个指标导致某些项目“喊冤”。可是一旦我们要在表格中手写公式，就相当复杂了，包含了前面 3 项任务的综合以及权重的换算。

AI 解决前面 3 项任务中的问题时可以一步到位。接下来，我们来验证一下 AI 在面对这样复杂的计算时，是否同样具备抽丝剥茧、层层递进的能力。

将表 3-3 的数据上传后，接下来要撰写指令，这条指令要将所有的规则一次性地阐述清楚：

“公司有管理费 100 万元，按照人力权重 40%、工时权重 30%、产值权重 30% 的标准来分摊。将结果用表格的形式列出来。

“其中，本年度 6 月 1 日，项目 A 新入职 1 个人，人数变成 11；等到了 9 月 30 日，项目 B 因为某阶段结束，减少 2 人，变成 18 人；项目 C 的人数一直保持不变。结合表格数据，按项目人数，对全年 100 万元的管理费进行合理分摊，最后列成表格展示。”

如此复杂的计算过程，我们启用深度思考功能，经过 26 秒后，DeepSeek 给出了最终结果，如图 3-26 所示。

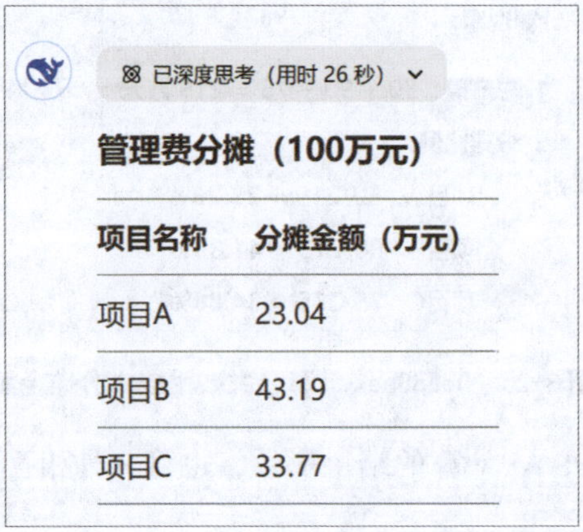
已深度思考（用时 26 秒）

管理费分摊（100万元）

项目名称	分摊金额（万元）
项目A	23.04
项目B	43.19
项目C	33.77

图 3-26 DeepSeek 计算管理费用成本分摊金额

我们自己计算一下，以验证这个结果。先考虑人员变动情况，计算各个项目的加权人数。

项目 A 加权人数 $=（10 \times 5+11 \times 7）/12 \approx 10.58$

项目 B 加权人数 $=（20 \times 9+18 \times 3）/12 = 19.5$

项目 C 全年 15 人。

总加权人数 = 10.58+19.5+15 = 45.08

然后进行综合权重计算。

项目 A：

人力权重 = 23.47% × 0.4 = 9.39%

工时权重 = 22.22% × 0.3 = 6.67%

产值权重 = 23.26% × 0.3 = 6.98%

总权重 = 9.39%+6.67%+6.98% = 23.04%

项目 B：

人力权重 = 43.25% × 0.4 = 17.30%

工时权重 = 44.44% × 0.3 = 13.33%

产值权重 = 41.86% × 0.3 = 12.56%

总权重 = 17.30%+13.33%+12.56% = 43.19%

项目 C：

人力权重 = 33.28% × 0.4 = 13.31%

工时权重 = 33.33% × 0.3 = 10.00%

产值权重 = 34.88% × 0.3 = 10.46%

总权重 = 13.31%+10.00%+10.46% = 33.77%

最后计算具体的分摊金额：

项目 A = 100 × 23.04% = 23.04（万元）

项目 B = 100 × 43.19% = 43.19（万元）

项目 C = 100 × 33.77% = 33.77（万元）

总和验证：23.04+43.19+33.77 = 100（万元），验证通过。

如此多指标的分摊计算，财务人员通常需要花费一些时间才能完成，就算要利用函数公式，也对公式写法要求极高，而 AI 却能在 30 秒内得出结果，的确是财务人员的好帮手。

任务进行到这一步，我们已经计算了四类费用的分摊金额，如果最终需要将各个结果汇总成一张表，那么可以利用 AI 对聊天内容的记忆功能，让它出具一份最终的成本费用分摊表，如图 3-27 所示。

> 将前面计算的办公租金、水电费、公共费用、管理费分摊结果，汇总成一张各项目成本费用分摊表。

⊗ 已深度思考（用时 23 秒）∨

各项目成本费用分摊汇总表

项目 名称	办公租金 （万元）	水电费 （万元）	公共费用 （万元）	管理费 （万元）	总成本 （万元）
项目A	14.09	4.44	27.91	23.04	**69.48**
项目B	25.95	8.89	50.23	43.19	**128.26**
项目C	19.96	6.67	41.86	33.77	**102.26**
总计	**60.00**	**20.00**	**120.00**	**100.00**	**300.00**

图 3-27　DeepSeek 生成各费用成本分摊结果表

我们只需要将结果复制到本地，就能得到一张完整的各项目成本费用分摊表，用来提交工作。

当然，AI 的能力并未止步于此，在真实的工作场景中，分摊的标准往往比前面这些任务中的要求更加复杂，比如，可能会出现"产值小于 10 万元的项目，可以适当减少 10% 的成本费用分配"之类的逻辑规定。过去为遵循这些规定，我们要在表格里写下"IF(产值 <10,=0.9),ELSE,..."之类的公式，稍有不慎逻辑就会出现混乱，返回一个错误警告。

而利用 AI，只需要加一句"产值低于 10 万元的项目，结果再减 10%"，就能完成混合规则的设定，交由 AI 去自动拼装公式或一次性输出运算后的数字。令人惊叹的是，AI 不仅能将所有数据一次性打包，还可以写上一小段文字说明，把表格的呈现思路描述出来。这远比我们在表格中苦思冥想，写几列辅助数据来回查找公式要方便，也降低了人工操作的失误率。

任务 05　项目合并费用再做再分摊

现在基础任务演示完成，我们再来研究一个进阶任务。

公司的项目并不一定会从始至终进展顺利，如果项目不顺利，那么项目停止或者项目合并都是有可能的。当公司内两个项目合并了，比如，把项目A 与 C 合并为一个新项目 AC，公司依然要把管理费、水电费等公共成本分摊到各项目头上。但现在项目 A 和项目 C 被视为一个整体，不再单列费用，所以需要在表格里写三四个新的引用区，或者重新调整全部公式。

如今不用这么麻烦，AI 可以直接理解"合并"概念，秒出所有的结果。

举个例子，假设我们现在打算把人力、工时、产值全都合并再算管理费，那么我们可以撰写如下指令：

"现在项目 A 和项目 C 合并为新项目 AC，项目 B 保持不变，现在把管理费 100 万元，按之前的权重，重新分摊给项目 AC 和项目 B，用表格的形式输出合并后的人力权重、工时权重、产值权重和管理费分摊结果。"

结果如图 3-28 所示。

⊗ 已深度思考（用时 42 秒） ⌄

合并后项目管理费分摊表

项目名称	人力权重(40%)	工时权重(30%)	产值权重(30%)	综合权重	分摊金额(万元)
项目AC	56.72%	55.56%	58.14%	56.80%	56.80
项目B	43.28%	44.44%	41.86%	43.20%	43.20
总计	100.00%	100.00%	100.00%	100%	100.00

图 3-28　DeepSeek 生成项目合并后的分摊权重与管理费分摊金额

从图中可以看出，DeepSeek 一次性地列出了所有的值，不需要我们在表格里逐列合并，重新计算。

这样一步到位的合并再分配，对于那些项目时常合并或拆分的公司而言非常实用。不管是预算调整还是战略变更，只要将合并逻辑在指令里讲清楚，AI 就能瞬间交付一份分摊结果，并列出每个项目的明细数字。

○ 【复盘总结】

复盘前面 5 项分摊任务的演示，不难发现，AI 在理解此类财务逻辑时有几个突出的优势。

① AI 不局限于简单的加减乘除计算，只要我们能用语言描述清楚"按人力分摊""按产值加权""先算权重再分到项目"，它就能够一次性捋顺算式。

②面对常见的人力、工时、产值、折旧等要素，AI 能够灵活按照指令里设定好的比例或规则，抓取相关列，做完运算后给出一份合乎业务逻辑的分摊结果。

③当我们想改动某个小环节，如"市场部这次要排除在办公租金之外"，只需补充一句，AI 便能重新跑一次分配，而我们则不必在表格公式里到处搜索哪一段写着"市场"，这样能大幅缩短公式维护的时间，让我们可以把更多精力放在判断分配是否合理、规则是否公允这些核心问题上。

除了肯定 AI 的功能，还有两点我们要有清楚的认知。

其中一点是，AI 解决的是公式编写与自动化运算的问题，无法替代财务人员对"公允性"或"特殊情况"的专业判断。我们可以告诉 AI "这个部门特殊，给它打对折"，它会坚决去执行，但如果我们没说，它就不会自己判定谁该折半谁该全算。所以在落地时，财务人员最需要理清楚以下问题：分摊原则是什么？是人头是工时，还是产值？有没有要豁免的例外？

另一点认知是，无论是 WPS AI 还是 DeepSeek，抑或是文中并没有演示的 ChatGPT、豆包、文心一言，任意两种 AI 工具都是可以做交叉验证的。比如，某些成本，先让 WPS AI 分配一次，再把结果粘贴给 DeepSeek，问它："你觉得这个分配比例对吗？能不能写个简单的公式解释给我。"如果两个结果完全一致，就说明大概率没问题；如果出现微小区别，就可以重点检查有没有哪里数字输错或没覆盖到某个部门。过去我们只能由人工对照公式检查，这种用 AI 互检的方式比较省力。

3.4 速算财务报表分析指标

资产负债表、利润表和现金流量表，这三大财务报表，即便是非财务专业的人也耳熟能详。现在的财务报表基本不需要自己手动去做，直接从记账软件中导出来即可。

但是，报表编制并不是财务工作的终点。很多时候，我们还需要拿着这些数据来做进一步的分析，比如，综合评估利润率、营运能力、偿债能力等各种财务指标，为管理层提供更深入的经营判断依据。

现在，借助 AI 工具，我们有机会轻松获取"自动化"版本的各项财务指标，一起拭目以待。

○ 【案例背景】

下面是某科技公司的部分年度财务报表数据，资产负债表如表 3-4 所示，利润表如表 3-5 所示，现金流量表如表 3-6 所示。此三张表中数据较为简易，非标准模板，仅作案例展示使用。

表 3-4　某科技公司资产负债表

项目	期初数（万元）	期末数（万元）
流动资产：		
货币资金	1200	1500
应收账款	900	800
存货	300	400
其他流动资产	80	100
流动资产合计	1480	2800
非流动资产：		
固定资产	3000	3200

续 表

项目	期初数（万元）	期末数（万元）
累计折旧	−500	−600
无形资产	400	500
长期待摊费用	150	200
非流动资产合计	3050	3300
资产总计	4530	6100
流动负债：		
短期借款	500	700
应付账款	600	500
应交税费	120	100
其他流动负债	150	200
流动负债合计	1370	1500
非流动负债：		
长期借款	600	800
应付债券	400	500
递延所得税负债	70	100
非流动负债合计	1070	1400
负债合计	2440	2900
所有者权益：		
实收资本	1200	1500
盈余公积	300	400
未分配利润	590	1300
所有者权益合计	2090	3200
负债和权益总计	4530	6100

表 3-5 某科技公司利润表

项目	本期金额（万元）
主营业务收入	8000
主营业务成本	5600
营业税金及附加	100
期间费用（合计）	1200
投资收益	50
营业外收支净额	20
利润总额	1170
所得税费用	170
净利润	1000

表 3-6 某科技公司现金流量表

项目	本期金额（万元）
经营活动现金流入（如销售收现）	7800
经营活动现金流出（如购买原材料、支付费用）	6400
经营活动净现金流量	1400
投资活动现金流入	100
投资活动现金流出	1000
投资活动净现金流量	−900
筹资活动现金流入	1200
筹资活动现金流出	1000
筹资活动净现金流量	200
现金流量净增加额	700
期初现金及现金等价物余额	1200
期末现金及现金等价物余额	1900

【任务演示】

任务 01 速算盈利能力指标

公司管理层最关心的一般是盈利水平，也就是挣钱能力。代表性的指标有毛利率和净利率。毛利率反映了公司卖出商品后扣除成本还能赚多少钱，是衡量产品赚钱能力的基本指标；而净利率展示了企业每赚一块钱营收，最后能留下多少净利润，用来衡量整体赚钱效率。

股东们则关心自己的投资能获得多少回报，净资产收益率就是衡量公司运用自有资本的效率的指标，反映了股东权益的收益水平。净资产收益率越高，说明企业为股东创造的利润越多，投资回报率越高。

下面我们选取毛利率、净利率、净资产收益率这三项比较有代表性的盈利能力指标来让 AI 辅助计算。

打开 AI 工具，这里以 DeepSeek 为例，将财务数据在隐藏公司信息后上传到对话框，并输入指令：

“根据资产负债表和利润表，计算公司本年度的毛利率、净利率、净资产收益率这三项财务指标，结果保留两位小数。”

DeepSeek 的计算结果如图 3-29 所示。

已深度思考（用时 17 秒）

毛利率 = （主营业务收入 - 主营业务成本）/ 主营业务收入 × 100%
= (8000 - 5600) / 8000 × 100% = **30.00%**

净利率 = 净利润 / 主营业务收入 × 100%
= 1000 / 8000 × 100% = **12.50%**

净资产收益率（ROE） = 净利润 / 平均所有者权益 × 100%
(平均所有者权益 = (期初所有者权益 + 期末所有者权益) / 2)
= 1000 / [(2090 + 3200) / 2] × 100% ≈ **37.81%**

图 3-29　DeepSeek 计算盈利能力指标

三项指标的计算公式和具体计算过程都列了出来，对应的数据一一准确代入，最后结果也保留了两位小数。可以说，AI 已经按照指令给出了标准答复。财务人员不需要自己写公式，甚至不需要背过公式再去查找相关数据，就能得到盈利能力指标结果。

有人问："如果不想将公司数据上传给外部 AI 工具，那么直接在 WPS 表格中，可以进行相关数据计算吗？"我们来尝试看看。

在企业财务报表数据表格文件中打开"AI 表格助手"，或者选择"快速问答"，输入相同的指令后，得到以下回答，如图 3-30 所示。

根据代码执行结果，我们可以得出以下结论：

1. **毛利率为 30.00%**，表明公司在主营业务上的盈利能力较强。

2. **净利率为 14.62%**，说明公司在扣除所有成本和费用后，每单位收入中保留了约 14.62% 的净利润。

3. **净资产收益率无法计算**，因为资产负债表中的 **资产总计** 期初数和期末数均为零，导致平均净资产为零。

总结：公司在本年度的毛利率和净利率表现良好，但由于资产总计为零，无法计算净资产收益率。

图 3-30　WPS AI 计算盈利能力指标

这里我们可以很明显看到：除了毛利率计算正确外，净利率的计算 WPS AI 给出了一个不同于 DeepSeek 的答案，经过验证是错误的。

而计算净资产收益率的时候，因为资产负债表和利润表虽然在一个表格文件中，但处于不同的工作簿，所以没办法直接读取，在这种情况下，想要计算还需要提前将所有数据放在一起。这样使用起来，确实不如外部 AI 工具更加便利。

再次尝试直接在 WPS 中计算，这回我们使用"AI 写公式"的功能，来计算毛利率和净利率。

选中利润表的任意空白单元格，调出"AI 写公式"，给出以下指令：

"我想计算公司本年度的毛利率，帮我生成公式。"

这样一个指标一个指标地去提问，得到的结果是相对准确的，公式撰写方面也方便财务人员去核验值的调用是不是正确，如图 3-31 所示。

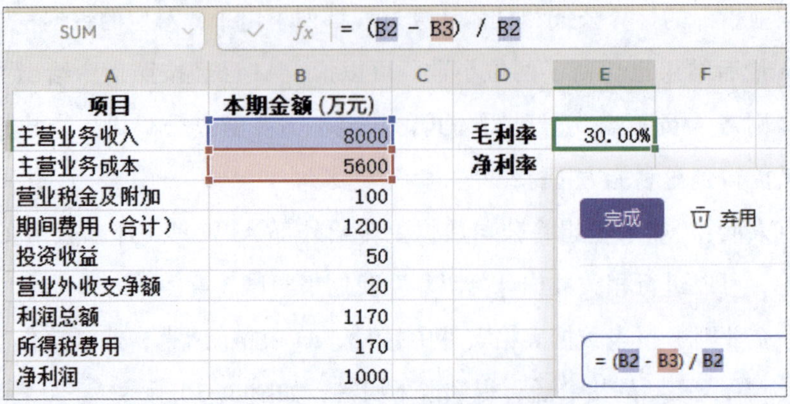

图 3-31　WPS AI 生成毛利率公式

　　这里同样会出现之前出现过的一个问题，那就是需要提前将所有的数据单元格设置为"数值"格式，把呈现毛利率结果的单元格格式设置为"百分比"，否则 WPS AI 可能在调取数值的时候出现格式错误。强调这一点，主要是因为从记账软件中直接导出的利润表，内容格式大多是字符或者常规文本，而不是数值格式。

　　我们重复前面的步骤，看看这次净利率是否能算对，如图 3-32 所示。

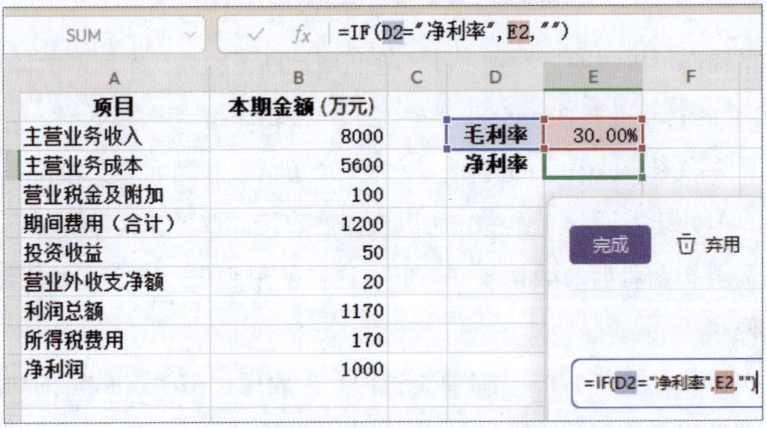

图 3-32　WPS AI 生成净利率公式

　　显然，这一次 WPS AI 的公式调用也失效了，没有得到我们想要的结果。在财务指标计算的场景中，可能当前 WPS AI 的匹配度较低，后续的任务我们将主要应用 DeepSeek 来演示。

任务 02　速算偿债能力指标

除了盈利，管理层也常关心企业能不能及时还债。企业的偿债能力通常分为短期偿债能力和长期偿债能力。

代表性的短期偿债能力指标有流动比率和速动比率。流动比率衡量企业用流动资产偿还流动负债的能力，数值越高说明短期偿债越稳妥；速动比率用来评估企业在剔除存货后的短期偿债能力，更严格地反映出企业的即时支付能力。

代表性的长期偿债能力指标有资产负债率、产权比率和利息保障倍数。资产负债率能显示出企业总资产中有多少是靠负债融资的，数值越高说明负债压力越大；产权比率反映债权人与股东之间的资金结构关系，数值越高说明企业靠债务融资的比例越高；利息保障倍数则表示企业用经营利润支付利息的能力，倍数越高，偿付利息越有保障。

打开 DeepSeek 对话框，输入指令：

"根据资产负债表数据，计算公司本年度的流动比率、速动比率、资产负债率、产权比率和利息保障倍数，结果保留两位小数。"

DeepSeek 的计算结果如图 3-33 所示。

> ⊗ 已深度思考（用时 219 秒）　∨
>
> **流动比率** = 流动资产合计 / 流动负债合计 = 2800 / 1500 ≈ **1.87**
>
> **速动比率** = (流动资产合计 - 存货) / 流动负债合计 = (2800 - 400) / 1500 = **1.60**
>
> **资产负债率** = 总负债 / 总资产 × 100% = (1500 + 1400) / (2800 + 3300) × 100% ≈ **47.54%**
>
> **产权比率** = 总负债 / 所有者权益 = (1500 + 1400) / 3200 ≈ **0.91**（或 **90.63%**）
>
> **利息保障倍数**：
>
> - 需息税前利润（EBIT）和利息费用，但利润表中未单独列示利息费用，**数据不足无法计算**。

图 3-33　DeepSeek 计算偿债能力指标

前 4 项偿债能力指标都已经计算出来，该列的公式、该代入的数据、该保留的小数位都处理得很清楚，没有模糊或遗漏的地方。

至于利息保障倍数，因为提供的数据不充分，缺少 EBIT 和利息费用明细，所以未能计算，DeepSeek 做出了相关说明，知道在信息不全时该停下，没有乱编数据。

除了这种简单的结果计算，AI 还能对期初数和期末数进行对比计算。比如，收到这样的指令：

"根据资产负债表数据，计算公司年初的流动比率、速动比率、资产负债率、产权比率，结果保留两位小数。之后，与本年度相关指标进行对比，说明数据是上升了还是下降了，列成表格展示出来。"

AI 就会给出如图 3-34 所示的回答。

计算结果与对比分析表：

财务指标	计算公式	年初值	年末值	变动方向
流动比率	流动资产合计 / 流动负债合计	1.08	1.87	↑上升
速动比率	(流动资产 - 存货) / 流动负债合计	0.86	1.60	↑上升
资产负债率	总负债 / 总资产 × 100%	53.86%	47.54%	↓下降
产权比率	总负债 / 所有者权益	1.17	0.91	↓下降

图 3-34　DeepSeek 对比期初和期末偿债能力指标

DeepSeek 用表格的形式列出了每个指标的公式、年初值、年末值，再配合上清晰明了的变动方向，让人一眼就能看出企业偿债能力的变化趋势；计算部分也保持了之前的严谨性，数据代入准确，完全可以直接拿来用，无须财务人员再自己动手做表。

就算领导突然询问：如果年末增发债券 500 万元，资产负债率将会变成多少？只要我们能下达清晰明确的指令，就能瞬间得到想要的结果，如图 3-35 所示。

已深度思考（用时 22 秒）

增发500万债券后的资产负债率计算过程完整重现：

1. **原始年末数据（单位：万元）：**
    - **原总负债** = 流动负债1500 + 非流动负债1400 = **2900**
    - **原总资产 = 6100**
    - **原资产负债率** = 2900 / 6100 × 100% ≈ **47.54%**
2. **增发债券500万的影响：**
    - **新增债券**：非流动负债（应付债券）增加500 → **新总负债** = 2900 + 500 = **3400**
    - **资产同步增加**：货币资金（流动资产）增加500 → **新总资产** = 6100 + 500 = **6600**
3. **新资产负债率公式与计算：**
   资产负债率 = 总负债 / 总资产 × 100%
   = 3400 / 6600 × 100%
   ≈ 51.52%
4. **结论：**
    - 增发债券后，资产负债率从 **47.54%** 上升至 **51.52%**，债务风险增加，但仍在可控范围内。

图 3-35　DeepSeek 计算增发债券后的资产负债率

这种能力简直是财务人员梦寐以求的，指令输入完，眼睛还没离开屏幕，结果已经出来。不光算出从 47.54% 升到 51.52%，还把数据变化、计算公式、逻辑推演全都列得一清二楚，连结论都有，省去了汇报的麻烦。

任务 03　速算盈利质量指标

现金是企业存续的命脉。之前我们已经介绍过盈利能力的分析指标，但是很多时候，业务做成了，收入确认了，企业却不一定能收到钱。因为企业的收入是按照权责发生制确认的，只要交易完成、发票开出、合同达成，即使钱还没到账，也可以确认为收入。

当遇到客户拖延付款、账期设置太长，甚至出现坏账风险的时候，就会出现“利润表上的利润看上去很多，现金流量表上的现金量却并不充足”的情况。

这也正是为什么要引入盈利质量指标，它不是看企业赚了多少钱，而是看这些利润里有多少是真金白银，能落袋为安的。

代表性的盈利质量指标有盈利现金比率、营业收入现金比率、全部资产现金回收率等。盈利现金比率衡量净利润中有多少是以现金形式真正流入企业的，越高越扎实；营业收入现金比率看的是企业卖出商品拿回现金的速度，收现能力越强越安全；而全部资产现金回收率能评估企业总资产带来的经营性现金流量回报，反映整体资产变现效率。

打开 DeepSeek 对话框，将三张财务报表粘贴进去，并提出指令：

"根据资产负债表、利润表和现金流量表数据，计算公司本年度的盈利现金比率、营业收入现金比率和全部资产现金回收率，结果保留两位小数。"

DeepSeek 的计算结果如图 3-36 所示。

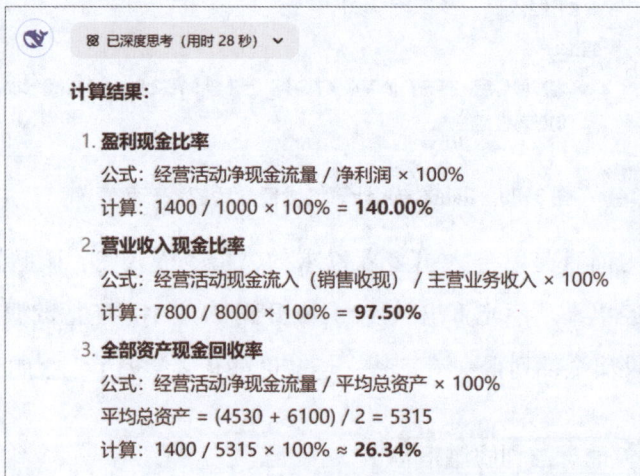

图 3-36　DeepSeek 计算盈利质量指标

可见，AI 是可以一次性读取三大财务报表进行综合计算的，并且计算得又快又准，在实际工作中对财务人员的助力作用不容小觑。

任务 04　合并资产负债表

在财务日常工作中，如果企业名下有若干子公司或分支机构，就必须定期编制合并报表，将母公司和子公司的资产、负债、权益合并到一张表里，供整体分析与对外报告。

理论上来说，记账软件是可以直接出具合并报表的，但是很多小型或中型企业的记账软件只管理本公司的明细账，子公司的账需要另行导出，再手工进行抵销和合并。而且，实际中往来款、内部销售等会计科目并不统一，一旦科目命名或账套口径不同，记账软件就无法自动匹配，只能由财务人员去做"翻译"和协调。

这样一来，人工合并就变得异常费时。对此，让 AI 帮我们做合并报表，就能大幅减少手动编表与抵销的任务量。

下面是该科技公司下属的一家子公司本年度资产负债表，如表 3-7 所示。

表 3-7　子公司资产负债表

项目	期初数（万元）	期末数（万元）
流动资产：		
货币资金	100	300
应收账款	80	150
存货	120	200
其他流动资产	30	50
流动资产合计	330	700
非流动资产：		
固定资产	500	600
累计折旧	−80	−100
无形资产	60	100
其他非流动资产	20	40
非流动资产合计	500	640
资产总计	830	1340
流动负债：		

项目	期初数（万元）	期末数（万元）
短期借款	150	200
应付账款	70	120
应交税费	20	40
其他流动负债	30	50
流动负债合计	270	410
非流动负债：		
长期借款	50	100
其他非流动负债	20	40
非流动负债合计	70	140
负债合计	340	550
所有者权益：		
实收资本	400	500
未分配利润	90	290
其他权益项目	0	0
所有者权益合计	490	790
负债和权益总计	830	1340

假设子公司与母公司的记账方式存在两处差异。

①母公司把存货记入"存货"，子公司却记入"原材料"，AI 若不被提示，可能无法知道这是同一类科目；

②子公司向母公司借了一笔借款，表里记作"应付账款"，母公司报表里则记入了"短期借款"。

AI 虽然强大，但如果我们不告诉它哪些科目是对应的、哪些科目实际为同一项目，它就只能基于关键字做出粗略匹配，有时也会张冠李戴。所以在指令中，最好主动揭示这些调整项，以下是示例指令：

"请帮我合并该母公司与子公司的资产负债表，并注意子公司向母公借入的一笔 120 万元短期借款计入了应付账款，需要调整。最后，生成一份格式相同的合并资产负债表。"

合并结果如图 3-37 所示。由于答复内容过长，不方便展示，这里仅截取了其中的主要部分。

资产	期末数	负债及所有者权益	期末数
流动资产		**流动负债**	
货币资金	1,800	短期借款	900
应收账款	830	应付账款	500
存货	600	应交税费	140
其他流动资产	150	其他流动负债	250
流动资产合计	**3,380**	**流动负债合计**	**1,790**
非流动资产		**非流动负债**	
固定资产	3,100	长期借款	900
无形资产	600	应付债券	500
其他非流动资产	240	递延所得税负债	100
非流动资产合计	**3,940**	其他非流动负债	40
		非流动负债合计	**1,540**
		所有者权益	
		实收资本	2,000
		盈余公积	400
		未分配利润	1,590
		所有者权益合计	**3,990**
资产总计	**7,320**	**负债及权益总计**	**7,320**

图 3-37　DeepSeek 合并资产负债表

可以看到，DeepSeek 已经将母公司与子公司资产负债表的期末数进行了合并，其中子公司应付账款调减 120 万元，短期借款调增 120 万元，合并后子公司短期借款变成 320 万元（原本的 200 万元加上调增的 120 万元）；

母公司短期借款 700 万元，合并抵销内部借款 120 万元，最终合并短期借款 900 万元。而母公司应收账款调减 120 万元，用于抵销内部债权。其他项目为母子公司直接相加，无特殊调整。

如果在合并过程中发现数值不匹配的情况，AI 还会直接指明，帮助财务人员快速查找核对。

○ 【复盘总结】

复盘四个任务的演示，我们已经能确认，AI 可以一次性读取并理解三大财务报表，自动算出各项分析指标，并合并财务报表。要是把这几项任务操作统合起来，其实可以总结出三点 AI 工具的应用小技巧，让财务人员更轻松地掌控对话式 AI 的操作。

第一点，指令要清晰。AI 之所以能读懂三大报表数据，靠的是对财务术语的理解，如果指令不够清晰，比如，把"应收账款"写成"客户欠款"，把"毛利率"写成"利率"，AI 给出的结果就可能出错。

第二点，背景越详细，结果越准确。合并财务报表的演示只是一个简单粗略的过程，在真实的财务场景中要考虑的因素有很多，比如，母公司对子公司的控股比例是 80%，还是 100%？如果碰到非同一控制下的企业合并，还需要将子公司的所有者权益按照购买日的公允价值进行调整，然后再进行抵销。这些背景细节都是需要发出指令的人去添加的，否则合并结果可能不如预期。

第三点，指标之间是具有钩稽关系的。这一点在演示过程中并未提及，而是作为拓展的内容。财务报表中的指标不是彼此孤立的，它们之间有很强的逻辑联系，这种关系可以用来快速检验 AI 计算出来的指标结果正确与否。比如，AI 计算了净资产收益率和权益乘数，再分别算一下总资产收益率。那么，只要简单拿权益乘数乘以总资产收益率，结果应该和净资产收益率是完全对得上的，对不上就是有问题。

第 4 章

AI 财务数据分析：让数据开口"说话"

　　财务报表里包含着公司的发展成果和管理逻辑。老板口头上的一句"业绩不错"，到底是怎么反映在盈余中的？产品线投入和市场推广最后又对利润率产生了多大影响？对于这些看似笼统的问题，财务人员往往能透过财务数据找出蛛丝马迹。

　　商场瞬息万变，懂得如何从数字背后读出资金流动、成本结构和风险信号的人，更可能在激烈竞争中抓住关键节点。财务分析的本质，并不是一遍遍机械地核对数据，而是让那些沉默的数字自己"开口"，告诉我们收益从哪里来，投入往哪儿去，接下来哪里有机会，哪里需要预警。想要把这些都看透，可绝不只是做做表格那么简单，AI 就是这方面工作的绝佳助手。

4.1 解读与分析财务报表数据

　　财务报告编制完成，财务指标计算出来，只是完成了财务分析工作的前两步。要让这些冷冰冰的数字真正发挥作用，必须进一步对这些指标进行细致解读，明确指标背后的具体含义，从中分析出经营变化的真实原因。

　　这种解读工作也是 AI 十分擅长的。

【案例背景】

　　继续以前面一节某科技公司的三大财务报表作为数据依据，同时利用 AI 导出一份全面的财务指标计算结果，如表 4-1 所示。

表 4-1　某科技公司各项财务指标计算结果

分类	指标	结果
偿债能力指标	流动比率	1.87
	速动比率	1.60
	资产负债率	47.54%
	产权比率	0.91
营运能力指标	应收账款周转率	9.41
	存货周转率	16.00
	总资产周转率	1.51
盈利能力指标	毛利率	30.00%
	营业利润率	14.38%
	净利率	12.50%
	净资产收益率	37.81%
发展能力指标	总资产增长率	34.66%

分类	指标	结果
盈利质量指标	盈利现金比率	140.00%
	营业收入现金比率	97.50%
	全部资产现金回收率	26.34%

○ 【任务演示】

任务 01　财务报表粗略解读

拿到一张满是数据的财务报表，想要做一个粗略、全景式的解读，只需要一个简单的指令。

以资产负债表为例，在 AI 工具的对话框中，将表格数据上传进去，就可以开始提问了。提问的方式有很多，给出不同的指令，会得到不同的回复，比如，下面这个最简单的指令：

"请根据这份资产负债表，对公司财务状况做一段简要的文字总结。"

DeepSeek 的答复如图 4-1 所示。

⊗ 已深度思考（用时 27 秒）∨

根据该科技公司资产负债表，可对其财务状况总结如下：

1. **资产规模显著扩张**：总资产从4,530增长至6,100，增幅达34.7%，反映公司处于扩张周期。流动资产翻倍（从1,480增至2,800），主要源于货币资金增长25%（1,500）、存货增长33%（400）及其他流动资产增加，显示短期流动性储备增强，但也需关注存货周转效率。

2. **负债结构优化**：总负债增长18.9%（2,440→2,900），低于资产增速。流动负债增加9.5%（1,370→1,500），主要因短期借款增加40%（700），但应付账款下降16.7%（500），提示供应商账款管理收紧。非流动负债增长30.8%（1,070→1,400），以长期借款（800）和债券（500）为主，匹配资产长期化投资。

3. **所有者权益高速增长**：权益总额从2,090激增至3,200，增幅53.1%，主要驱动为未分配利润翻倍（590→1,300）及实收资本增资25%（1,500），体现强劲的内生盈利能力和股东信心。权益占比从46.1%提升至52.5%，资本结构更趋稳健。

4. **经营质量改善信号**：应收账款下降11.1%（800），或反映销售回款效率提升；固定资产净值增加（2,500→2,600）与无形资产增长25%（500）显示技术投入持续，但需关注长期资产回报率。

结论：公司呈现规模扩张与盈利积累并行的健康态势，流动性充裕且资本实力增强，但需关注存货管理、短期债务偿付压力及长期资产效能释放。整体财务风险可控，发展后劲充足。

图 4-1　DeepSeek 分析企业财务状况

　　这段总结本身就是一个简洁的描述性汇总，结构规整，语言也较为明晰。每一条都围绕资产负债表的变化进行概括，依次覆盖总资产、负债结构、资本结构等常见分析角度，算是比较典型的财务状况简要概述。

　　它并没有做深入分析，没有展开解释资产扩张背后的业务逻辑，整体偏结果陈述，不涉及推理。但对于需要快速了解一家公司资产负债表变动方向的人来说，这种写法是够用的。

　　以上只是最简单的指令，财务人员如果需要将这份简单总结用在财务报表的分析报告上，或者只是给领导做一个一分钟的简要汇报，则可以将场景和汇报对象告诉 AI：

"我要向公司的非财务专业领导，简单汇报公司本年度财务状况。请根据这份资产负债表，生成一段一分钟的汇报内容。"

此时，显然需求已经发生变化，汇报对象是非财务专业领导，在汇报的时候就不能使用过于专业的财务术语，最好是简洁、易懂的总结。口头汇报的语言也要偏向日常用语，比如，"流动资产"可以说成"随时能用的资金"，"非流动负债"可以解释为"三年期的借款"等。

于是，我们得到了如图 4-2 所示的回复。

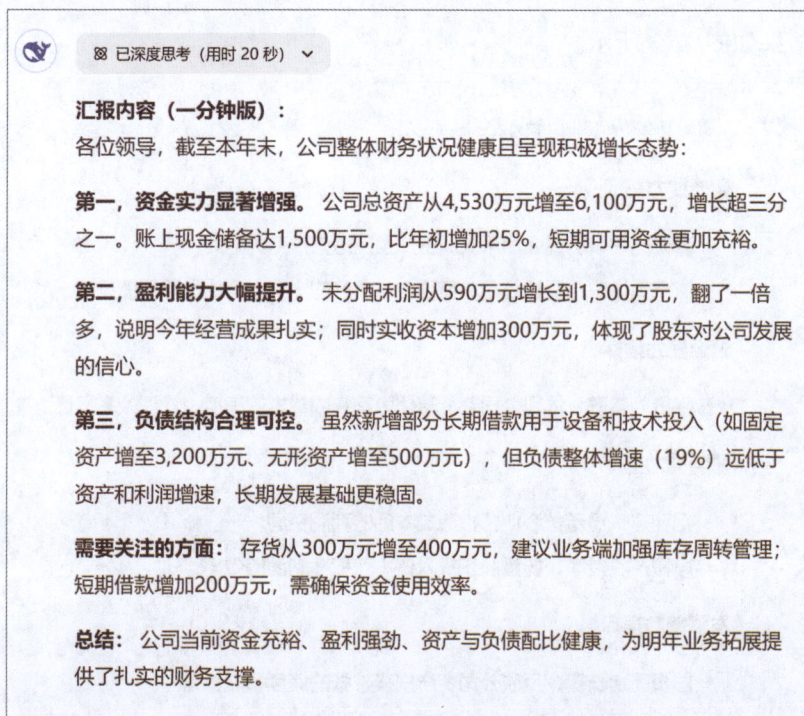

图 4-2　DeepSeek 根据汇报对象改变汇报风格

此时的语言已经简化，而且契合了非财务专业领导关心的常见问题。可见，在应用 AI 工具的时候，我们不必拐着弯去询问，直接将自己需要什么样的结果写在指令中，就能一步到位，得到最契合当下所需的答复。

任务 02 理解财务指标背后的意义

做财务指标分析，要分析哪些指标？

针对这个问题，如果是已经有常规分析模板文件的财务人员，可能会直接照着模板去开展工作；而如果是新手，或者是想要更新财务分析报告汇报格式的财务人员，求助 AI 能得到一份可靠的建议。

比如，可以询问 AI："根据公司的三大财务报表，可以分析哪些财务指标？简单列出几个，并帮我解释这些指标的含义。"

结果如图 4-3 所示。

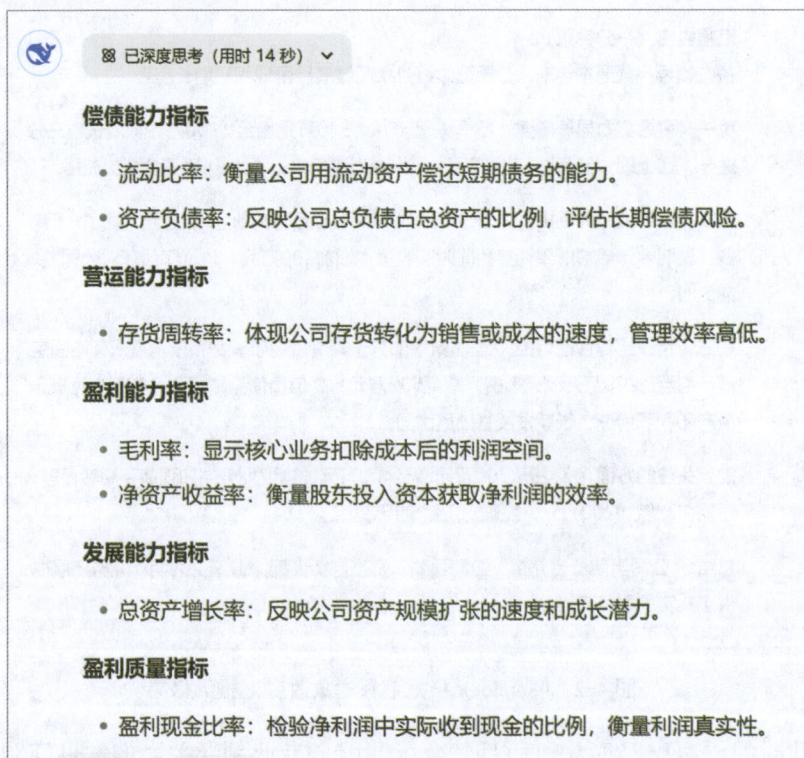

⊗ 已深度思考（用时 14 秒）∨

偿债能力指标

- 流动比率：衡量公司用流动资产偿还短期债务的能力。
- 资产负债率：反映公司总负债占总资产的比例，评估长期偿债风险。

营运能力指标

- 存货周转率：体现公司存货转化为销售或成本的速度，管理效率高低。

盈利能力指标

- 毛利率：显示核心业务扣除成本后的利润空间。
- 净资产收益率：衡量股东投入资本获取净利润的效率。

发展能力指标

- 总资产增长率：反映公司资产规模扩张的速度和成长潜力。

盈利质量指标

- 盈利现金比率：检验净利润中实际收到现金的比例，衡量利润真实性。

图 4-3 DeepSeek 解释财务指标的含义

了解了每项指标的含义，就能有针对性地去分析。在案例背景介绍中，我们已经得到了一份某科技公司的各项财务指标计算结果。针对这组数据，我们可以展开对某一方面能力的具体分析。

以营运能力的相关指标计算结果为例，将其复制到 AI 工具对话框中，并提问：

"请依次解读并分析公司营运能力的三大指标结果，对公司的营运能力做出总体评价。"

DeepSeek 的评价结果如图 4-4 所示。

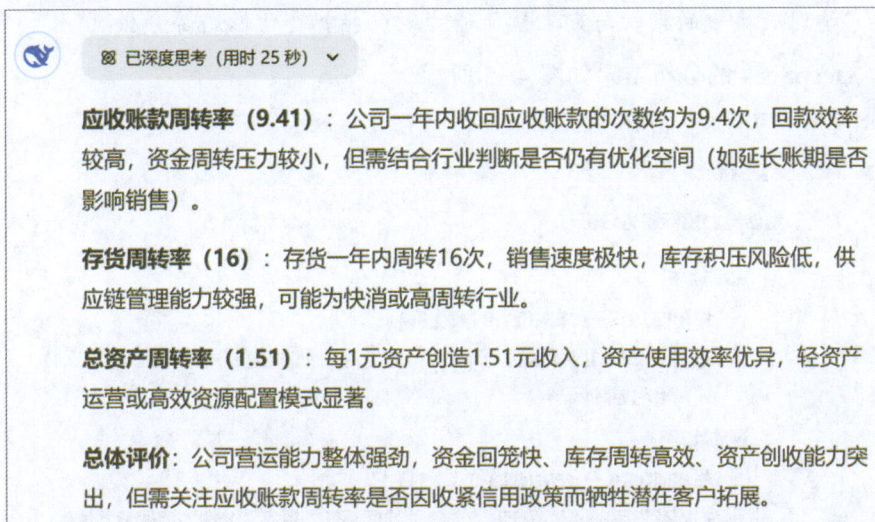

应收账款周转率（9.41）：公司一年内收回应收账款的次数约为9.4次，回款效率较高，资金周转压力较小，但需结合行业判断是否仍有优化空间（如延长账期是否影响销售）。

存货周转率（16）：存货一年内周转16次，销售速度极快，库存积压风险低，供应链管理能力较强，可能为快消或高周转行业。

总资产周转率（1.51）：每1元资产创造1.51元收入，资产使用效率优异，轻资产运营或高效资源配置模式显著。

总体评价：公司营运能力整体强劲，资金回笼快、库存周转高效、资产创收能力突出，但需关注应收账款周转率是否因收紧信用政策而牺牲潜在客户拓展。

图 4-4　DeepSeek 分析营运能力指标

这段回答给出了三个关键营运能力指标的解读，并结合数据背后可能的业务逻辑做出合理推测。比如，应收账款周转率的分析不仅指出回款效率高，还提醒要结合行业背景判断是否存在过度收紧信用的问题，这种留有余地的表达很专业。存货周转率部分也不止于"高"，而是进一步推测行业属性，体现出分析的立体性。

至于盈利能力、盈利质量、发展能力等相关指标，也都可以通过重复上面的步骤获得相应的分析。

任务 03　分析指标变化的趋势

前面我们曾让 AI 对比公司期初和期末的偿债能力指标，却还没解释这些变化对企业整体经营意味着什么。

其实，单一时点的数据只能告诉我们这一时点的情况如何，但管理层更关心未来趋势如何，也就是在对比不同时间段或不同年度后，判断出企业是在变好，还是潜藏着一些恶化的苗头。

现在以偿债能力的指标变化为例，我们将图 3-34 的数据变化情况上传给 AI 工具，然后输入类似指令：

"请对表格中的期初与期末偿债能力财务指标变化做趋势分析。"

DeepSeek 的分析结果如图 4-5 所示。

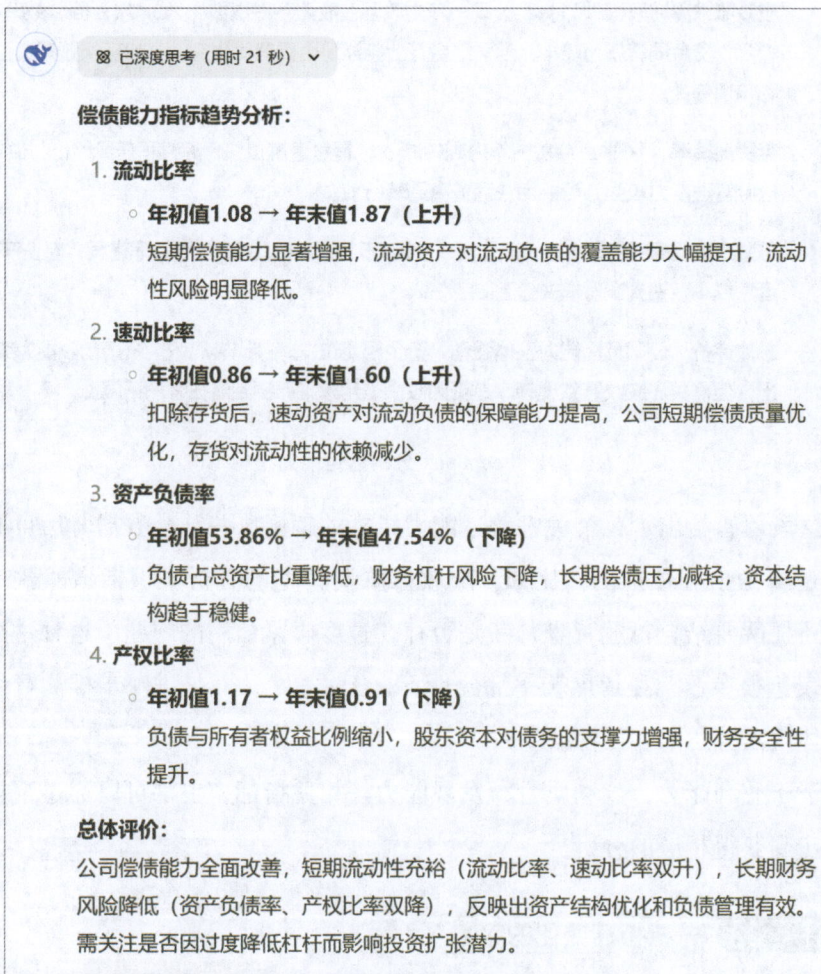

> 🐋 ⊗ 已深度思考（用时 21 秒）∨
>
> **偿债能力指标趋势分析：**
>
> 1. **流动比率**
>   - **年初值1.08 → 年末值1.87（上升）**
>   短期偿债能力显著增强，流动资产对流动负债的覆盖能力大幅提升，流动性风险明显降低。
>
> 2. **速动比率**
>   - **年初值0.86 → 年末值1.60（上升）**
>   扣除存货后，速动资产对流动负债的保障能力提高，公司短期偿债质量优化，存货对流动性的依赖减少。
>
> 3. **资产负债率**
>   - **年初值53.86% → 年末值47.54%（下降）**
>   负债占总资产比重降低，财务杠杆风险下降，长期偿债压力减轻，资本结构趋于稳健。
>
> 4. **产权比率**
>   - **年初值1.17 → 年末值0.91（下降）**
>   负债与所有者权益比例缩小，股东资本对债务的支撑力增强，财务安全性提升。
>
> **总体评价：**
> 公司偿债能力全面改善，短期流动性充裕（流动比率、速动比率双升），长期财务风险降低（资产负债率、产权比率双降），反映出资产结构优化和负债管理有效。需关注是否因过度降低杠杆而影响投资扩张潜力。

图 4-5　DeepSeek 分析偿债能力指标变化趋势

如果这些推断符合我们对企业运营现状的认知，我们可以在报告中直接引用；如果 AI 忽略了某些关键业务信息，我们也可以追问 AI 更多细节，或结合实际情况做出补充说明。

在看到某些指标显著变动后，还可以让 AI 综合公司发展战略、市场环境甚至宏观经济形势进行关联分析。比如，给出这样的指令：

"结合本公司今年转向线上销售渠道、主要竞争对手加大市场投入的背景，进一步解读这几项指标的上升或下降，会对未来销售目标和资金需求产生哪些影响。"

AI 会在已有数据和背景信息的基础上进行更深度的逻辑推演，结果如图 4-6 所示。

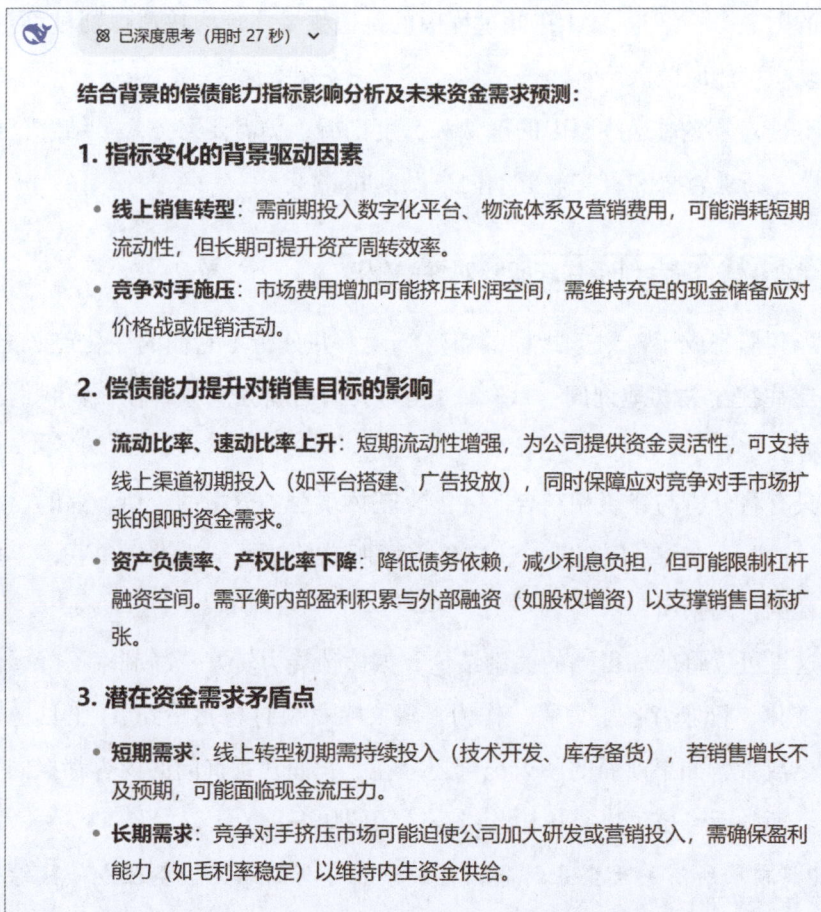

> ⊗ 已深度思考（用时 27 秒）⌄
>
> **结合背景的偿债能力指标影响分析及未来资金需求预测：**
>
> **1. 指标变化的背景驱动因素**
>
> - **线上销售转型**：需前期投入数字化平台、物流体系及营销费用，可能消耗短期流动性，但长期可提升资产周转效率。
> - **竞争对手施压**：市场费用增加可能挤压利润空间，需维持充足的现金储备应对价格战或促销活动。
>
> **2. 偿债能力提升对销售目标的影响**
>
> - **流动比率、速动比率上升**：短期流动性增强，为公司提供资金灵活性，可支持线上渠道初期投入（如平台搭建、广告投放），同时保障应对竞争对手市场扩张的即时资金需求。
> - **资产负债率、产权比率下降**：降低债务依赖，减少利息负担，但可能限制杠杆融资空间。需平衡内部盈利积累与外部融资（如股权增资）以支撑销售目标扩张。
>
> **3. 潜在资金需求矛盾点**
>
> - **短期需求**：线上转型初期需持续投入（技术开发、库存备货），若销售增长不及预期，可能面临现金流压力。
> - **长期需求**：竞争对手挤压市场可能迫使公司加大研发或营销投入，需确保盈利能力（如毛利率稳定）以维持内生资金供给。

图 4-6　DeepSeek 结合其他背景综合分析偿债能力指标变化趋势

DeepSeek 的这段回答具有较强的财务分析思维能力。它不是孤立地看待指标升降，而是把每个财务信号放进真实经营情境中去理解，比如，将流动比率上升与线上投入灵活性相联系，将资产负债率下降与未来融资空间挂钩，这些分析都非常有针对性。

特别是对短期与长期资金需求的区分，不仅指出了转型阶段的资金压力，也考虑了在激烈竞争下可能面临的盈利能力波动，体现出较高的前瞻性。

在真实的工作场景中，通过对比多个时点、多个时期的指标，或者把本公司指标与行业平均值、竞品数据进行横向比较，就能获得更丰满、更有洞察力的财务分析结论。AI 在此过程中的价值主要体现为快速识别显著差异，自动联想可能原因。

不过，最终对这些原因的确认和深度剖析，仍需要财务人员结合公司经营战略、行业背景和真实业务动向来做判断。

任务 04 综合判断并获取针对性的建议

当我们完成了对财务指标的粗略解读，并分析了它们的变化趋势之后，管理层往往会关切地询问："那么，这对我们的业务意味着什么？我们又该怎么办？"

只有将分析与建议相结合，才能真正体现财务分析的价值。这时，可以利用 AI 进行一次综合判断，让它将前面所有环节的结论进行串联，生成有针对性的行动指引。

这里可以将前面得到的关键结论，如偿债能力转好、净利率下降、营运能力变化、行业背景压力等，作为一段文字材料打包粘贴到 AI 工具的对话框中。或者，如果前面的聊天记录还存在，我们几番询问的内容都在同一个聊天界面的话，也可以直接输入指令，示例如下：

"将前面所有关于企业财务指标解读和分析的结论，整理成一段综合性点评，用作财务报表分析报告的总结语。"

这段指令不仅要求 AI 进行综合点评，而且列明了应用的场景是财务报表分析报告的总结语，所以相关答复要力求专业、简洁，且要点明晰，让管理层一眼就能看到最重要的内容。

DeepSeek 的回答还是符合我们的期待的，如图 4-7 所示。

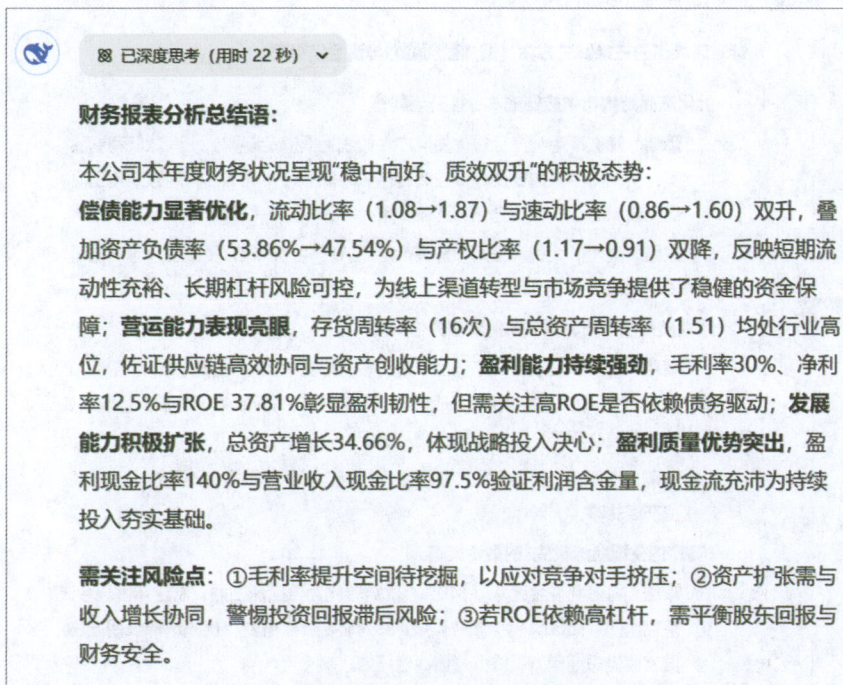

> ⊗ 已深度思考（用时 22 秒）⌄
>
> **财务报表分析总结语：**
>
> 本公司本年度财务状况呈现"稳中向好、质效双升"的积极态势：
> **偿债能力显著优化**，流动比率（1.08→1.87）与速动比率（0.86→1.60）双升，叠加资产负债率（53.86%→47.54%）与产权比率（1.17→0.91）双降，反映短期流动性充裕、长期杠杆风险可控，为线上渠道转型与市场竞争提供了稳健的资金保障；**营运能力表现亮眼**，存货周转率（16次）与总资产周转率（1.51）均处行业高位，佐证供应链高效协同与资产创收能力；**盈利能力持续强劲**，毛利率30%、净利率12.5%与ROE 37.81%彰显盈利韧性，但需关注高ROE是否依赖债务驱动；**发展能力积极扩张**，总资产增长34.66%，体现战略投入决心；**盈利质量优势突出**，盈利现金比率140%与营业收入现金率97.5%验证利润含金量，现金流充沛为持续投入夯实基础。
>
> **需关注风险点**：①毛利率提升空间待挖掘，以应对竞争对手挤压；②资产扩张需与收入增长协同，警惕投资回报滞后风险；③若ROE依赖高杠杆，需平衡股东回报与财务安全。

图 4-7　DeepSeek 生成财务报表分析总结语

当然，知道了是什么、为什么，还要知道怎么做。如果能在财务报告中提出切实可行的方案、建议，哪怕只是提供一些解决问题的方向，对每个财务人员来说都是工作的加分项。这一点也可以让 AI 来帮忙。

不过，在提出指令的时候，如果单纯写明，"请根据这些内容提出 3 条针对性的改进建议"，那么我们得到的结果往往只是泛泛而谈，对解决问题来说帮助不大。要想内容更到位，那就要让提问更到位。

此时可以将自己放在管理层的位置上，思考管理层会更关心哪些问题。是稳固资金链，还是怎么进一步提升盈利能力？有了想法，在提问的时候会更有针对性。比如，可以输入指令：

"请针对上述风险点提出 3 个切实可行的办法，侧重于提升盈利能力和稳固资金链。"

DeepSeek 给出的回复如图 4-8 所示。

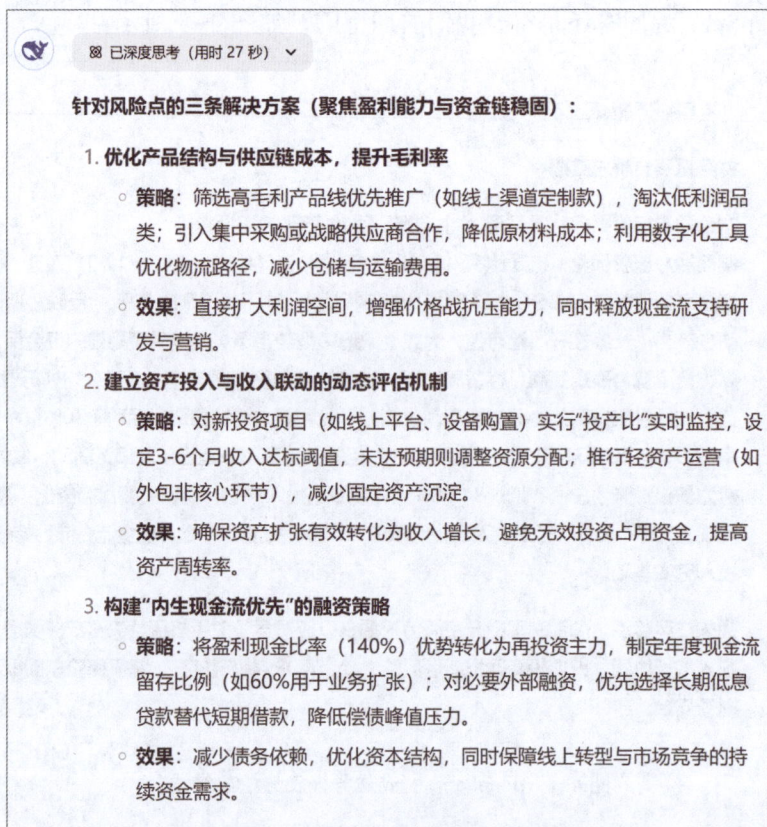

> ⊗ 已深度思考（用时 27 秒） ⌄
>
> **针对风险点的三条解决方案（聚焦盈利能力与资金链稳固）：**
>
> 1. **优化产品结构与供应链成本，提升毛利率**
>   - **策略**：筛选高毛利产品线优先推广（如线上渠道定制款），淘汰低利润品类；引入集中采购或战略供应商合作，降低原材料成本；利用数字化工具优化物流路径，减少仓储与运输费用。
>   - **效果**：直接扩大利润空间，增强价格战抗压能力，同时释放现金流支持研发与营销。
>
> 2. **建立资产投入与收入联动的动态评估机制**
>   - **策略**：对新投资项目（如线上平台、设备购置）实行"投产比"实时监控，设定3-6个月收入达标阈值，未达预期则调整资源分配；推行轻资产运营（如外包非核心环节），减少固定资产沉淀。
>   - **效果**：确保资产扩张有效转化为收入增长，避免无效投资占用资金，提高资产周转率。
>
> 3. **构建"内生现金流优先"的融资策略**
>   - **策略**：将盈利现金比率（140%）优势转化为再投资主力，制定年度现金流留存比例（如60%用于业务扩张）；对必要外部融资，优先选择长期低息贷款替代短期借款，降低偿债峰值压力。
>   - **效果**：减少债务依赖，优化资本结构，同时保障线上转型与市场竞争的持续资金需求。

图 4-8 DeepSeek 生成风险点解决办法

AI 的建议毕竟是基于财务指标与文字描述得出的，并不一定 100% 匹配企业的组织架构或实际资源。财务人员在获取这些建议后，应拿着报告去和运营、生产、市场部门多方交流，进一步修订成可落地版本。

后续的修订过程也可以让 AI 辅助，AI 会在第二轮、第三轮迭代中，结合新增的运营数据或生产情况信息，不断细化方案，确保形成更务实的落地策略。

○ **【复盘总结】**

到此为止，我们从拿到财务报表和指标结果开始，一步步地通过 AI 工具进行了粗略解读、指标含义讲解、趋势变化分析、结合外部信息深挖和最后的建议修订。整个过程都可以看出，AI 在财务解读环节能大幅简化我们对海量数据的梳理和逻辑串联工作，让财务分析不再只是数字的堆砌，而是真正成为业务决策的好帮手。

当然，财务人员也需要注意，AI 给出的解读和建议只是辅助，至于其是否合理，仍需由专业人员结合真实的经营现状、行业动态、内部管理策略等来判断。针对那些涉及复杂业务背景或特别敏感的数据，专业人员需要进行二次核对和推敲。

在与 AI 的互动中，越是提供清晰、翔实的上下文信息，AI 的分析就越能贴近事实，越能给出更有价值的洞察。

4.2　多场景假设下评估现金流的健康状况

现金流就好比企业的"血液"，一旦周转不畅，再好的盈利前景也可能化为泡影。特别是在充满不确定性的商业环境里，原材料价格上涨、客户回款延迟、新项目投资、意外融资到位时间不匹配……这些因素都有可能让企业的资金运转变得艰难。

因此，在财务管理中，我们经常需要模拟不同的经营情景，来判断企业能否在风浪中保持稳健。

○ **【案例背景】**

此处的背景仍旧是某科技公司的年度财务报表，前面"3.4 速算财务报表分析指标"这一节已经展示了该公司的经营活动净现金流量为 1400 万元，投资活动净现金流量为 −900 万元，筹资活动净现金流量为 200 万元，最终，期末现金及现金等价物余额为 1900 万元。

看上去账面上还有一定的资金储备，但管理层对未来有些担忧：一方面，公司计划推出新产品，需要追加研发和营销费用；另一方面，宏观经济并不明朗，部分客户回款周期可能拉长。于是，财务部门想借助 AI 工具，针对不同场景下企业的现金流健康状况做几轮模拟与评估，以便及时向管理层汇报，并提出应对策略。

○ 【任务演示】

任务 01　评估公司当前的现金流健康度

在任务的最开始，需要先用最基础的方法，让 AI 给出一个当前时点的现金流状况评价。

我们要做的，就是把年度现金流量表的关键数据粘贴到对话窗口中，并向 AI 提出一个通俗易懂的指令，让它帮我们做概括性点评。比如，可以输入：

"请根据这份现金流量表，对公司当前的现金流健康程度做出简要评价，语言尽量通俗易懂。"

这样 AI 会立即输出一段关于公司现金流总体表现的文字，可能包含"短期支付能力充足，无资金链断裂风险""投资活动净现金流量较大"等要点，如图 4-9 所示。

⊗ 已深度思考（用时 18 秒）⌄

该公司现金流整体健康，主要体现在以下方面：

1. 经营活动现金流强劲：净流入1400，核心业务造血能力突出。经营活动现金流入（7800）显著覆盖流出（6400），反映销售回款顺畅，成本管控有效，主营业务具备持续现金生成能力，是现金流的核心支撑。

2. 投资活动合理可控：净流出900，主要用于长期资产投入（如研发或设备购置），符合科技公司扩张期特征。投资规模未超过经营现金流净额，未依赖外部融资填补缺口，风险可控，但需关注未来投资回报效率。

3. 筹资活动适度平衡：净流入200，流入（1200）可能用于补充运营或战略投资，流出（1000）或为分红或偿债，未出现过度融资（如大规模举债），资本结构相对稳健，短期偿债压力有限。

4. 流动性充裕：现金净增700，期末余额1900，较期初（1200）增长58%，短期支付能力充足，无资金链断裂风险。现金流结构合理，以经营活动和适度筹资支撑发展，符合成长期企业特征。

潜在风险与建议：

- **投资效益**：长期需验证研发或资产投入对盈利的带动作用，避免资金低效沉淀。

- **经营稳定性**：尽管当前经营现金流健康，需防范市场波动对主营业务现金流的冲击。

- **融资可持续性**：若未来持续依赖外部融资，需优化股权与债权比例，降低资金成本。

结论：短期现金流健康，流动性充裕且结构合理；长期需确保投资转化效率并维持经营稳定性，整体风险可控。

图 4-9　DeepSeek 评价公司现金流总体表现

如果 AI 给出的回答不够贴近管理层的关注点，比如，管理层想知道"资金是否足以支撑未来半年的研发"，那么可以直接进行追问：

"请补充分析，若公司在下半年要投入 500 万元做新产品研发，这对公司整体现金流会有何影响？"

AI 会结合已有数据，推测未来几个月里是否存在现金吃紧的风险，并给出相应提醒，如图 4-10 所示。

> ✦ 已深度思考（用时 17 秒） ⌄
>
> 若下半年追加500万元研发投入（归类为投资活动现金流出），对现金流的影响如下：
>
> **1. 直接影响**：投资活动净流出从-900万扩大至-1400万，全年现金流净增加额由700万降至200万（700-500），期末现金余额从1900万降至1400万，降幅26%，但流动性仍处于安全区间（若无非预期大额支出）。
>
> **2. 资金来源**：若完全依赖经营现金流（净流入1400万）覆盖研发投入，无须额外筹资，但会削弱现金储备；若部分依赖筹资，可能增加负债或稀释股权，需权衡资本成本。
>
> **3. 长期平衡性**：研发投入短期加剧现金消耗，但符合科技公司创新战略，若未来产品商业化成功，可提升经营现金流潜力。需确保研发效率与市场转化率，避免长期拖累现金流。
>
> **风险提示**：
>
> - 若全年经营现金流不及预期（如收入下滑或成本上升），叠加研发投入后，期末现金可能逼近安全边际。
> - 需预留应急资金，防止研发周期延长或市场风险导致现金流承压。
>
> **结论**：500万研发投入将使现金储备减少但未触及警戒线，短期风险可控，长期收益取决于研发成效与主营业务稳定性。

图 4-10　DeepSeek 分析追加问题——研发对现金流的影响

在这个任务场景中，只要依托报表和几句指令，AI 就能让我们对公司的现金流全貌有一个大致的认识，后续如果在研发或营销上继续加码投入，就需要在心里留个风险防范的底。

任务 02　调整单一假设，观察对经营现金流的影响

在企业经营环境中，回款速度是影响现金流的重要变量。一旦客户付款期延长，公司的流动资金就会被更多地占用。但延长回款期限会提高订单成交量，当管理层考虑是否要采用这种方法提高企业收入时，我们可以让 AI 模拟"应收账款回款周期延长"会带来哪些影响。

假设公司目前的应收账款账期默认是 60 天，若下游客户因种种原因，拖到了 90 天才回款，会导致一季度内无法变现的现金增多。我们先将公司当前的收入规模、应收账款水平等基础信息告知 AI，然后向 AI 发起"单一变量"提问。

以 DeepSeek 为例，可以输入这样的指令：

"公司主营业务收入 8000 万元；应收账款余额 800 万元；回款期原为 60 天。假设客户回款周期从 60 天延长至 90 天，帮我测算这对经营活动现金流量的影响，预计会占用多少额外资金？"

DeepSeek 读取前述数据后，会给出一个简化测算，如图 4-11 所示。

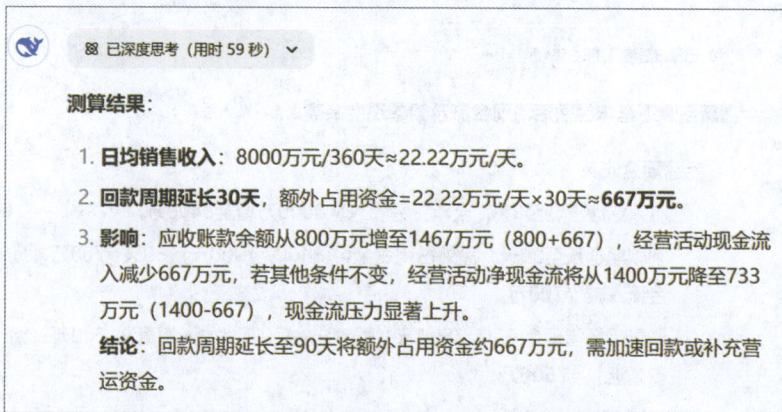

图 4-11　DeepSeek 测算回款周期改变对现金流的影响

DeepSeek 指出，回款期拉长后，公司经营活动现金流将减少 667 万元。如果当前公司没有更多的融资渠道保障资金的顺畅，那么公司可能面临资金链断裂的风险，这当然是管理层不愿意见到的。

所以，将账期延长以获得客户订单的做法显然不可取。

任务 03　多重变量并发假设，综合评估资金状况

公司经营决策所面对的往往不止一个变量，比如，公司可能在同一时间面临原材料涨价、销售不及预期、应收账款账期拉长等多因素叠加的局面。这个任务要让 AI 同时处理多重假设，从而模拟更真实的经营压力环境。

为了看得更清楚，我们现在设计一个综合场景。

假如原材料价格上涨 10%，导致主营成本提高；销售增速从最初预计的 10% 下调到 5%，收入不及预期；应收账款回款期延长到 90 天。

我们把这些信息打包写成一段文字粘贴给 AI，让 AI 重新测算经营现金流：

"请根据这三项假设，重新预测下半年经营活动现金流量，预计期末现金余额还剩多少？"

AI 若已经从前面的对话中了解基础数据，就能把这些变量套入原本的模型，粗略估算出下半年将比原计划减少多少现金流，如图 4-12 所示。

> ⊗ 已深度思考（用时 194 秒）∨
>
> **重新预测下半年经营活动现金流及期末现金余额：**
>
> **1. 经营现金流入：**
> - 收入增速下调至5%，全年主营收入从8000万增至8400万。
> - 回款期延长至90天，额外占用资金 = (8400万/360天)×30天≈700万，现金流减少700万。
> - 调整后经营现金流入≈7800万（原值）+400万（收入增量）-700万（回款延迟）=**7500万**。
>
> **2. 经营现金流出：**
> - 原材料成本上涨10%，假设原材料占原流出6400万的50%（3200万），增加320万，流出升至**6720万**。
>
> **3. 经营净现金流：** 7500万-6720万=**780万**（原1400万下降44%）。
>
> **4. 其他活动现金流：**
> - 投资活动因追加研发500万，净流出从-900万增至**-1400万**。
> - 筹资活动净流入保持**200万**。
>
> **5. 期末现金余额：**
> - 全年现金流净增额=780万-1400万+200万=**-420万**。
> - 期末余额=期初1200万-420万=**780万**（原1900万下降59%）。
>
> **结论：** 三项变动叠加后，期末现金余额降至780万，流动性压力显著增大，需优先管控回款与成本。

图 4-12　DeepSeek 综合评估资金状况

当然这个结果仅供参考，因为只是在做功能的演示，我们提供的资料其实并不详细。比如，原材料成本上涨 10%，但并没有说原材料成本在主营业务成本中所占的具体比例是多少。所以，AI 只能自己假设或简化处理，结果出现高估或低估都是可能的。但这不妨碍我们对 AI 的能力有了更深入的了解。

任务 04　引入投资和筹资活动，做资金预测

企业的现金流不光是由经营活动决定的，很多时候，投资活动和筹资活动对现金状况的影响更为剧烈。比如，一次大额设备采购，就可能在短期内花掉大量资金；而一笔新的银行贷款到位，会补充不少现金。这里我们要在指令中把投资与筹资这两块也纳入假设。

先设计一个投资和融资方案。

假设公司要在明年第一季度投入 2000 万元购置新生产线，而为了部分弥补这个资金缺口，计划在明年第二季度发行 1000 万元公司债券。剩下的 1000 万元差额由自有资金或短期贷款承担。

将各项信息一次性打包发给 AI，并提问：

"参考今年的数据，帮我模拟公司明年的季度现金流余额走势，考虑经营活动、投资活动和筹资活动的联动。"

AI 的预测结果如图 4-13 所示。

🎯 已深度思考（用时 18 秒）✓

季度	经营净现金流	投资净现金流	筹资净现金流	期末现金余额	资金缺口处理
Q1	350	-2,225	1,000	1,025	短期贷款1,000万
Q2	350	-225	1,000	2,150	发行债券1,000万
Q3	350	-225	0	2,275	无缺口
Q4	350	-225	0	2,400	无缺口

逻辑对应：

1. **Q1投入2,000万**：期初1,900万 + 350（经营）-2,225（投资）+1,000（筹资）= 1,025万。
2. **Q2发债1,000万**：递推后Q2期末现金2,150万，全年筹资累计2,000万（短期+债券）。
3. **全年验证**：期末现金2,400万，较年初增加500万（经营贡献1,400万，筹资2,000万，投资净流出2,900万）。

图 4-13　DeepSeek 预测明年资金状况

DeepSeek 依据今年的数据，以季度为单位，把公司明年的经营、投资、筹资三项活动打包联动，模拟出了一个简单的现金流走势。第一季度的投资支出和第二季度发债之间的过渡安排被清楚地展示了出来，短期贷款、自有资金的使用方式方面算是合理，但没有进一步考虑经营现金流波动或其他可能的融资手段，模拟假设较为单一，这可能跟我们提供的信息有限相关。

除此之外，还可让 AI 帮忙估算新债发行后带来的利息支出，如果公司债的年化利率为 6%，到下个年度需支付多少利息？经营利润能否覆盖利息？这些都能让财务人员提前评估融资风险，避免"借新债还旧债"的恶性循环。

任务 05　AI 辅助做情景敏感性分析，生成多情景报告

最后一个任务，是把前面零散的假设都整合成一个多情景分析。比如，提供乐观情景、基准情景、悲观情景三种假设，让 AI 一次性生成对比结果，告诉我们在这三种情景下，企业明年的期末现金余额和短期融资需求额分别是多少，并附上各自的运营或财务建议。

先来对三种情景的核心情况进行假设。

乐观情景：销售增长率达到 10%，回款周期稳定在 60 天，原材料成本保持不变或小幅上涨。

基准情景：销售增长率维持 5%，回款周期适度延长到 75 天，原材料成本上涨 5%。

悲观情景：销售增长率仅 2%，回款周期延长到 90 天，原材料成本上涨 10%，并且公司投资计划如前所述（新增 2000 万元的设备投入），但融资可能延迟到账。

然后向 AI 下达"多情景"指令：

"请基于这三种情景，分别预测公司明年的现金流情况，并用一个表格形式列出情景、预测期末现金余额、可能的融资需求额，以及简要的运营或财务上的应对建议。"

AI 会输出一个三列或四列的表格，如图 4-14 所示。

三种情景下现金流预测与应对建议

情景	预测期末现金余额	融资需求额	运营/财务应对建议
乐观	2,540万元	0	1. 加速市场渗透，维持回款效率； 2. 预留资金用于技术迭代。
基准	1,790万元	0	1. 优化供应商账期，对冲成本上涨； 2. 加强应收账款动态监控。
悲观	-1,140万元	2,340万元	1. 紧急启动股权/债权融资； 2. 暂停非核心投资，压缩管理费用； 3. 与客户协商预付款或缩短账期。

图 4-14 DeepSeek 做情景敏感性分析

这个回答并没有展示预测数据是如何被计算出来的，比如，对于收入、成本、回款如何映射到现金流，没有中间推导过程，所以无法验证。如果用于更严谨的财务规划，还需要补上计算逻辑和更具针对性的建议，或者直接继续让 AI 生成一份详细的多情景报告，方便用作汇报展示：

"参照上述分析结果，形成一份多情景报告，用于会议展示。"

由于报告内容过长，此处不便完全展示，部分内容如图 4-15 所示。

> ⊗ 已深度思考（用时 29 秒） ∨
>
> **公司现金流多情景预测与管理建议报告**
>
> **一、引言**
>
> 本报告旨在基于不同市场环境假设，分析公司未来现金流状况，评估潜在风险，并提出应对策略。通过设定**乐观、基准、悲观**三种情景，量化财务影响，为管理层决策提供数据支持。
>
> **二、核心假设与测算方法**
>
> **1. 情景定义**
>
> - **乐观情景**：市场需求强劲，客户回款效率高，成本控制有效。
> - **基准情景**：市场平稳增长，部分客户付款延迟，成本小幅上升。
> - **悲观情景**：经济下行压力显著，客户资金链紧张，成本大幅攀升且融资受阻。
>
> **2. 关键参数设定**
>
> | 参数 | 乐观情景 | 基准情景 | 悲观情景 |
> | --- | --- | --- | --- |
> | 销售收入增长率 | +10% | +5% | +2% |
> | 应收账款回款周期 | 60天 | 75天 | 90天 |
> | 原材料成本涨幅 | 0% | +5% | +10% |
> | 新增投资规模 | 0万元 | 0万元 | 2,000万元 |
> | 融资计划达成率 | 100% | 100% | 0% |

图 4-15 DeepSeek 生成多情景报告

将报告内容迁移到本地后，经过修改、定稿，可以打印出来或做成 PPT 进行展示。

○ 【复盘总结】

通过以上 5 个任务，我们看到了 AI 在评估企业现金流时能起到的深度辅助作用。

我们把经营活动的主要变量（销售额、成本、回款期等）和投资活动、筹资活动的变动都整合到一起，让 AI 去处理多重假设并给出量化结果。熟悉这样的操作后，每当面对实际业务中错综复杂的情况，我们都能在提供给 AI 的假设中灵活调整参数，从而在对话中迅速看到不同变量叠加所产生的可能影响，避免局限在单点或浅层分析之中。上述内容通过一步步的任务设置，从单一假设到多变量并发，再到整体现金流模拟，充分展示了 AI 的强大功能所在，即可以帮助财务人员用最少的时间，得到全貌性的、贴近真实经营场景的预测图景。

本节还突出显示了"情景敏感性分析"在现金流决策中的重要性。AI 不仅能告诉你资金会缺多少，还会交代在何种情景下缺多少，以及相应的对策或弥补方案。尤其是第四、第五个任务，把企业可能的投资计划、融资时点、利息成本等纳入统一分析，使财务人员不再止步于"本年缺口 500 万元"这样笼统的结果，而能更清晰地知道哪个时间节点或哪个环节最容易出问题、最需要提前规划。

在实务操作中，这种自动生成的多情景报告既能让管理层用最短时间对比"乐观、基准、悲观"3 个假设，又能让财务人员更好地与各部门协同，为企业的资金安排和战略落地做好前期预案。

4.3　多融资方案对比抉择

企业在发展到一定阶段时，资金短缺的难题就会浮出水面。一个新项目的启动、一次产能的大幅提升，甚至只是为了抓住某个市场机遇，都可能需要投入大量资金。而单靠现有的经营收入往往无法立刻满足这些需求，于是寻找合适的融资渠道就成为关键。

可是，融资方式五花八门，可以去银行贷款或者尝试发行公司债券，也可以拿出股权换取资金，引入战略投资者，甚至还可以通过应收账款保理来快速变现。每一种选择都有其独特的成本、风险和影响，以往，财务人员需要花相当多的时间去做方案对比、数字测算和前景评估。

这项工作如果交给 AI，能做到何种程度呢？我们一起来演示看看。

【案例背景】

假设前面提到的某科技公司，因为最近一年扩充产线，投入了大量的研发费用与市场推广资金，虽然现有主营业务的经营现金流仍维持在较健康的水平，但留存的自有资金已经不多。

为了进一步抓住行业窗口期，公司管理层决定筹措一笔规模约 3000 万元的资金，主要用于设备更新、加速新产品上市，以及铺设销售渠道。最初，他们只打算去银行贷款，但经过内部讨论后，发现可选的融资途径非常多，每种方案都既有吸引力，也暗含风险。管理层希望财务部门能拿出一份多套融资方案对比报告，结合真实的财务数据、指标变化以及治理结构影响，辅助融资方案的选择。

【任务演示】

任务 01　列出多种可行的融资方案，并做初步介绍

本任务的目标是让 AI 帮我们快速梳理出公司在当下情境中常见、可行的融资方式，并分别做一个简短说明，方便公司管理层查阅"融资方案清单"。

如果财务人员并没有现成的融资方案模板，那么可以通过对话式 AI 工具快速获得初步建议，再结合自身经验进行取舍。

打开 AI 工具，把经过脱敏处理的企业基本情况和融资需求粘贴到对话框，然后下达指令，让 AI 列出融资方式：

"公司当前资产负债率约为 48%，流动比率 1.87，净利润率 12.5%，主要盈利点在消费电子制造业务；明年需要约 3000 万元的资金，使用期限 2 年左右；可接受一定的利息成本或股权稀释，但希望流程效率高，尽快到账。请基于上述情况，列举几种可行的融资方式，包括银行贷款、公司债券、股权融资、应收账款保理、票据贴现等，并说明每种方式的大致优缺点。"

AI 会迅速从其知识库中调取常见的融资手段，给出一段说明，如图 4-16 所示。

> ⊗ 已深度思考（用时 17 秒）⌄
>
> **融资方式及优缺点**
>
> 1. **银行贷款**
> 优点：流程快（1-4周）、利率低（4%-8%）、不稀释股权；缺点：负债率升高、需抵押/担保。**适用**：优先选择。
>
> 2. **应收账款保理**
> 优点：到账最快（3-7天）、无新增负债；缺点：成本高（5%-15%）、依赖应收账款质量。**适用**：若有优质应收账款，可快速补足资金。
>
> 3. **股权融资**
> 优点：无还款压力；缺点：稀释控制权、流程长（3-6月）。**适用**：非紧急长期需求。
>
> 4. **票据贴现**
> 优点：即时到账（1-3天）、成本低（3%-6%）；缺点：需足额票据、期限短需滚动操作。**适用**：辅助短期周转。
>
> 5. **公司债券**
> 优点：利率低、期限匹配；缺点：流程慢（1-6月）、门槛高。**适用**：资金不紧急时。
>
> **综合建议**：优先"银行贷款+保理"组合（2周内到账，成本6%-10%），备选纯保理或短期过桥贷款。避免股权融资（太慢）和纯票据贴现（期限错配）。

图 4-16　DeepSeek 列出可行的融资方案

拿到这份清单，财务人员还需要结合企业特点做筛选。比如，有没有足够的抵押物，以满足银行贷款要求？公司资产规模和信用评级是否能支撑公司债券发行？股东对于股权融资的意愿强不强？借此先把短期内不可行的选项剔除掉。

这一任务的成果相当于从一个广泛的可能性清单中，快速拿到一份潜在融资方式汇总表，包括每种方式的简短介绍和优缺点，方便管理层进行初步了解。对于一些自带行业特殊性的融资工具，财务人员也能借此打开思路。

任务 02　量化融资成本并给出分析结果

有了融资清单后，管理层常会关注：选择银行贷款或发行公司债，到底差别有多大？利息支出是多少？会不会把资产负债率推得太高？解决这些疑问就是本次任务的目标。

任务的重点落在量化层面，这一环节我们交给 AI，让其把不同融资方案的影响做成对比表，并给出具体数字。

提问的时候可以贴上企业最新的资产负债表数据，如负债总额 2900 万元，所有者权益 3200 万元，资产总额 6100 万元。然后向 AI 发出测算指令：

"银行贷款预估利率为 5.5%～6.5%，筹码大概为 3000 万元；公司债券假设利率 5%，发行费用可能占融资额的 1%。请对以下融资方案进行简略测算，比较两种方案对资产负债率、流动比率、利息保障倍数的影响。

"方案一：2 年期银行贷款，年利率 6%，一次性还本付息。

"方案二：公司债券，发行总额 3000 万元，年利率 5%，2 年到期。"

AI 会读取资产负债表数据，进行计算并输出，如图 4-17 所示。

⊗ 已深度思考（用时 145 秒）∨

方案一（银行贷款）影响：

1. **资产负债率**：负债增至5900万（2900+3000），资产增至9100万，资产负债率=64.8%（原47.5%）。

2. **流动比率**：若贷款归类为流动负债，流动比率降至0.62（流动资产2800万/流动负债4500万）；若为非流动负债，保持1.87。

3. **利息保障倍数**：新增利息180万（3000×6%），总利息287万（原107万+180万），倍数=1170/287≈4.08倍。

方案二（公司债券）影响：

1. **资产负债率**：负债增至5900万（2900+3000），资产增至9070万（发行费用-30万），资产负债率=65.1%。

2. **流动比率**：流动资产增至5770万（2800+2970），流动负债1500万，流动比率=3.85。

3. **利息保障倍数**：新增利息150万（3000×5%），总利息257万（原107万+150万），倍数=1170/257≈4.55倍。

结论：

- **资产负债率**：两者相近（64.8% vs 65.1%）。
- **流动比率**：方案二显著优化（3.85 vs 方案一潜在0.62）。
- **利息保障倍数**：方案二更优。

优先选择方案二，兼顾流动性和利息负担；若贷款可列为非流动负债，方案一亦可考虑。

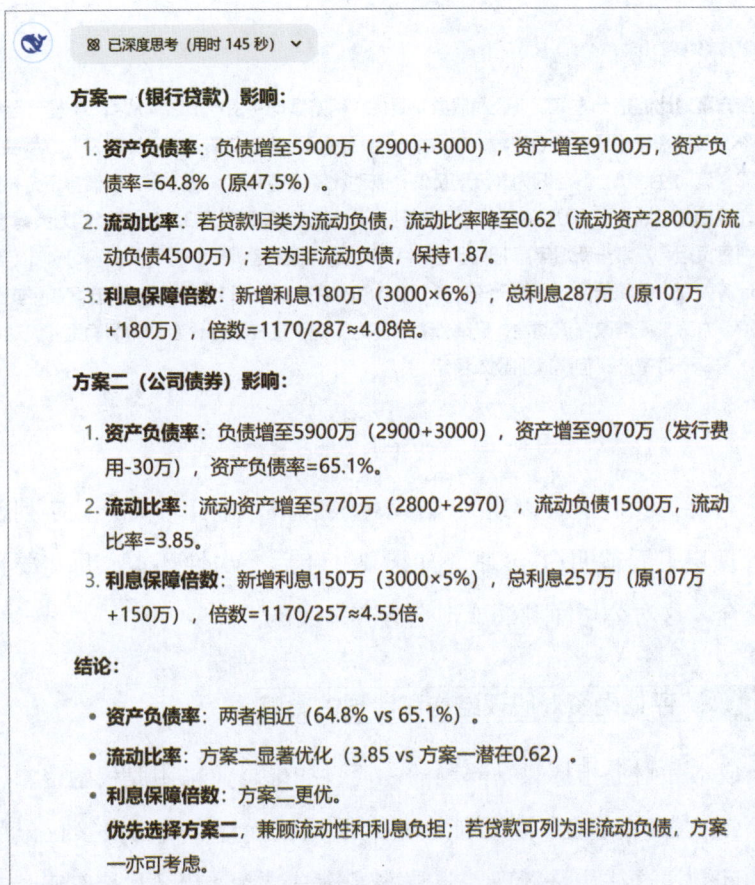

图 4-17　DeepSeek 对比不同融资方案成本

　　结果量化后我们可以看到，方案的对比不再只停留在"这个融资方式可能好一点儿"的笼统评价上，而是能看到具体数字依据。

　　AI 的测算结果直观地呈现出这两种方案的利息支出差异，以及在报表上呈现的不同。虽然公司债看似利息更便宜，但要考虑发行费用和合规成本；银行贷款更直接，却要担保或抵押。如果我们把应收账款保理也纳进来，则会有另一种费率计算方式，可能更"贵"，但到账更快。

　　量化结果已经有了，这些数据说明了什么呢？我们在汇报的时候不可能只将所有计算过程说明一遍，还需要有一段总结语，对此，AI 的反馈结果如图 4-18 所示。

> 已深度思考（用时 24 秒）∨
>
> **融资方案对比汇报**：方案二（公司债券）更优。两方案均将资产负债率从47.5%提升至约65%，负债增幅相同。**核心差异**：①方案一若贷款归为流动负债，流动比率从1.87暴跌至0.62（流动性危机）；若归为非流动负债，流动比率保持1.87。②方案二因债券资金补充现金，流动资产增至5770万（扣除30万发行费），流动比率跃升至3.85，偿债能力大幅增强。③利息负担：方案一新增年息180万（6%利率）；方案二新增150万（5%利率），以当前利润计算，利息保障倍数分别为6.5倍（1170/180）和7.8倍（1170/150），方案二更安全。
>
> **结论**：方案二既能改善流动性，又降低利息压力，建议优先选择；若贷款明确为非流动负债，方案一可备选，但需确保收入稳定。

图 4-18　DeepSeek 说明量化结果

如果需要，我们还可以让 AI 自动生成表格，把几个关键数字列得更清楚，让管理层一看就明白："哦，如果要 2 年后一次性还本，每年要预留多少利息资金，这对公司净利润或现金流有多大压力。"

任务 03　评估融资对股权结构和治理的影响

资金成本和财务指标只是问题的一面，如果企业采用股权融资，引入战略投资者或 VC/PE 基金，就可能会碰到股权被稀释、公司决策权分散等治理层面的问题。这往往是管理层非常敏感的关键点，却又常被忽略。本任务就用 AI 来帮助进行这方面的分析。

先要告知 AI 公司当前的股权结构，比如，公司现在共有 A、B、C 三位股东，分别持股 50%、30%、20%。

若新增股权融资 3000 万元，需让渡多少股份取决于估值和谈判条款。假设公司目前整体估值 1 亿元，那么投入 3000 万元就占新股比例的 23% 左右。以此为背景，要求 AI 测算股权稀释后的股份分配，指令可以这样写：

"公司现在共有 A、B、C 三位股东，分别持股 50%、30%、20%。假设我们以 1 亿元投前估值进行股权融资 3000 万元，对应 23% 股权。请告诉我原股东 A、B、C 的持股比例会降到多少？对董事会席位可能有什么影响？"

AI 可以很快算出：A 股东的股权会从 50% 摊薄到 38.5%，B 股东的股权会从 30% 摊薄到 23.1%，C 股东的股权会从 20% 摊薄到 15.4%。新投资方占 23% 股权，如图 4-19 所示。

股权稀释计算：

投前估值1亿元，融资3000万元对应23%股权（3000万/1.3亿）。原股东股权等比稀释：

- A股东：50% × 77% = 38.5%
- B股东：30% × 77% = 23.1%
- C股东：20% × 77% = 15.4%

董事会影响提醒：

1. 新投资方通常要求至少1个董事会席位（23%股权已具备谈判筹码）。

2. 若原董事会为3席（A/B/C各1席），可能需扩容至4席，或现有股东让出部分席位（例如C股东席位）。

3. 关键控制权条款（如一票否决权）需重新协商，尤其当A股东从绝对控股（>50%）降至38.5%后。

注意：具体条款取决于谈判，但股权稀释后控制权分散风险需提前规划。

图 4-19　DeepSeek 评估股权融资影响

如果公司创始人非常在意控制权，不想让出太多决策权，那么股权融资这个选项就变得相对敏感；若公司正好想借战略投资者的资源来做业务协同，股权融资反而可能是笔划算买卖，公司不仅能借此拿到资金，还能获取资源和渠道。

任务 04　模拟还款结果，评估长期资金压力

融资不只是拿钱那么简单，后面怎么还、对企业中长期的现金流和资本结构有什么影响，也必须提前想清楚。银行贷款和公司债券需要到期归还本息，股权融资要考虑投资者的退出安排。如果没有后续规划，资金链可能在两三年后出现重大风险。

在这一环节，需要先搞清楚公司未来 2 ～ 3 年的经营预期。比如，公司预估营收的年增速为 10% ～ 15%，净利率维持在 12% 左右。那么，这意味着公司预计每年能产出多少净利润呢？能不能覆盖 2 ～ 3 年后还款高峰期的本息？

此时，可以让 AI 来做还款模拟。指令可以这样写：

假设公司选择 3000 万元银行贷款，两年到期一次性还本，年利率 6%。结合公司预计利润表和现金流量表，你觉得到时候会不会有偿付风险？如果我们收入目标没达成怎么办？

为了让 AI 回答得更详细，有必要将当时的财务报表数据同步上传，得到如图 4-20 所示的回复。

🔷 **偿付能力评估（3000万贷款，年利率6%，2年到期本息共3360万）：**

1. 基于当前财务数据：

- **利润表支撑**：年净利润1000万，两年累计约2000万，不足以覆盖本息（3360万），需依赖再融资或现金流。

- **现金流支撑**：经营净现金流年1400万，两年2800万，叠加现有现金1900万（假设不流失），可覆盖3360万。但需预留运营资金，存在压力。

2. 若收入未达目标（例如收入下降20%）：

- **净利润可能腰斩**（假设成本刚性，净利润降至约500万/年），现金流同步缩减（经营净现金流或降至800万/年），两年累计现金缺口约=3360万-（800万×2+1900万）=**960万**，偿付风险显著上升。

结论：

- **若业绩达标**：现金流可勉强覆盖，但需严控投资和筹资支出。

- **若业绩不达标**：需提前规划再融资或资产处置，否则存在违约风险。建议设置收入下滑20%的压力测试预案。

图 4-20 DeepSeek 评估偿付能力

AI 通过数据对比，评估出公司的偿付能力：业绩达标时现金流可勉强覆盖；若业绩不达标，就需要提前规划再融资或资产处置。

以上是银行贷款的融资方案评估，如果选择公司债券，AI 也会计算到期兑付的可能压力。假设两年后要一次性付本金 3000 万元，还要加上 300

万元利息，总计 3300 万元。届时若企业现金储备不足，就得想办法续发债、引入新资金或直接动用自有资本。

对股权融资而言，AI 则可能提醒："VC/PE 一般在 3 ～ 5 年寻求退出，可能通过上市或股权转让实现。若企业无法满足上市条件，投资方可能会要求回购或对赌条款。"这意味着公司三五年后还要面对投资者退出安排，若经营不达标就可能被动回购股权，造成财政压力甚至引发法律纠纷。

除了以上内容，前面一节中，我们曾对公司的现金流做过多场景假设，这时还可以把那套假设搬过来，让 AI 结合"乐观情景"或"悲观情景"，分析还款风险各自是多少。

任务 05 生成多方案对比报告并做出决策建议

前面 4 个任务从基础的方案列举、融资成本量化、股权影响、还款和退出的长期资金压力，一步步挖掘了各种融资方式的核心因素。现在要把这些散碎信息整合起来，向管理层提交一份"多融资方案对比报告"，再配合 AI 一起打磨出简洁明了、数据翔实、逻辑顺畅的决策建议。

在 AI 工具的对话框里，我们可以输入：

"请把之前列举过的融资方案要点归纳成表，包括以下因素：资金成本、对公司报表指标的影响、对股权管理的影响、两年后还款或退出压力。"

AI 会自动生成一个对比表，如图 4-21 所示。

🐋 ⊠ 已深度思考（用时 21 秒）⌄

融资方案对比

方案	资金成本	报表影响	股权/治理影响	还款/退出压力
银行贷款	年利率6%，总利息360万（2年）	资产负债率升至64.8%；若归为流动负债，流动比率降至0.62（极端压力）	无股权稀释，需抵押或担保	2年后还本付息**3360万**（本金3000万+利息360万）
公司债券	年利率5%+1%发行费，实际年化≈6.06%	资产负债率升至65.1%；**流动比率升至3.85**（现金增加）	无股权稀释，需遵守债券条款	2年后还本付息**3300万**（本金3000万+利息300万）
股权融资	出让23%股权（投前估值1亿）	资产负债率下降，净资产增加；无债务压力	原股东稀释（A:38.5%、B:23.1%、C:15.4%）；新股东介入董事会	无还款，但共享利润与控制权

图 4-21　DeepSeek 汇总各方案要点

　　这部分只是报告的核心，但还不是报告的全部内容，也没有相关的结论，接下来我们要做的就是让 AI 根据这个核心出具一份多方案对比报告。指令可以这样写：

　　"根据以上内容生成一份多融资方案对比报告，开头对各方案进行优先级排序，分析公司在目前情况下适合哪种方案。"

　　报告内容如图 4-22 所示。

⊘ 已深度思考（用时 18 秒）∨

多融资方案对比及决策报告

一、融资方案优先级排序

1. **公司债券**（短期稳健首选）
2. **股权融资**（长期避险可选）
3. **银行贷款**（仅应急备用）

二、方案对比分析

维度	公司债券	股权融资	银行贷款
资金成本	年利率5%+1%发行费 （实际年化≈6.06%）	出让23%股权 （投前估值1亿）	年利率6% （总利息360万）
报表影响	资产负债率升至65.1% **流动比率升至3.85**	资产负债率下降 净资产增加	资产负债率升至64.8% 流动比率**暴跌至0.62**
治理影响	无股权稀释 需遵守债券条款	原股东股权稀释 （A:38.5%、B:23.1%、C:15.4%） 新股东介入治理	无股权稀释 需抵押/担保
还款压力	2年还本付息3300万	无还款压力 共享未来利润	2年还本付息3360万

三、公司当前适合性分析

1. **若优先短期流动性：**
   ○ **选择公司债券**：流动比率从1.87提升至3.85，显著优化短期偿债能力，且利息压力略低于贷款（3300万 vs 3360万）。
   ○ **风险提示**：资产负债率升至65.1%，需确保经营现金流稳定（当前年经营净现金流1400万可覆盖）。
2. **若收入不确定性高：**
   ○ **选择股权融资**：无还款压力，避免债务违约风险（若收入下降20%，贷款可能导致960万现金流缺口）。
   ○ **风险提示**：A股东控制权削弱（50%→38.5%），需重新设计董事会结构。
3. **若紧急融资且收入有保障：**
   ○ **选择银行贷款**：快速到账，但若归类为流动负债，流动比率将跌至0.62，流动性风险极高。

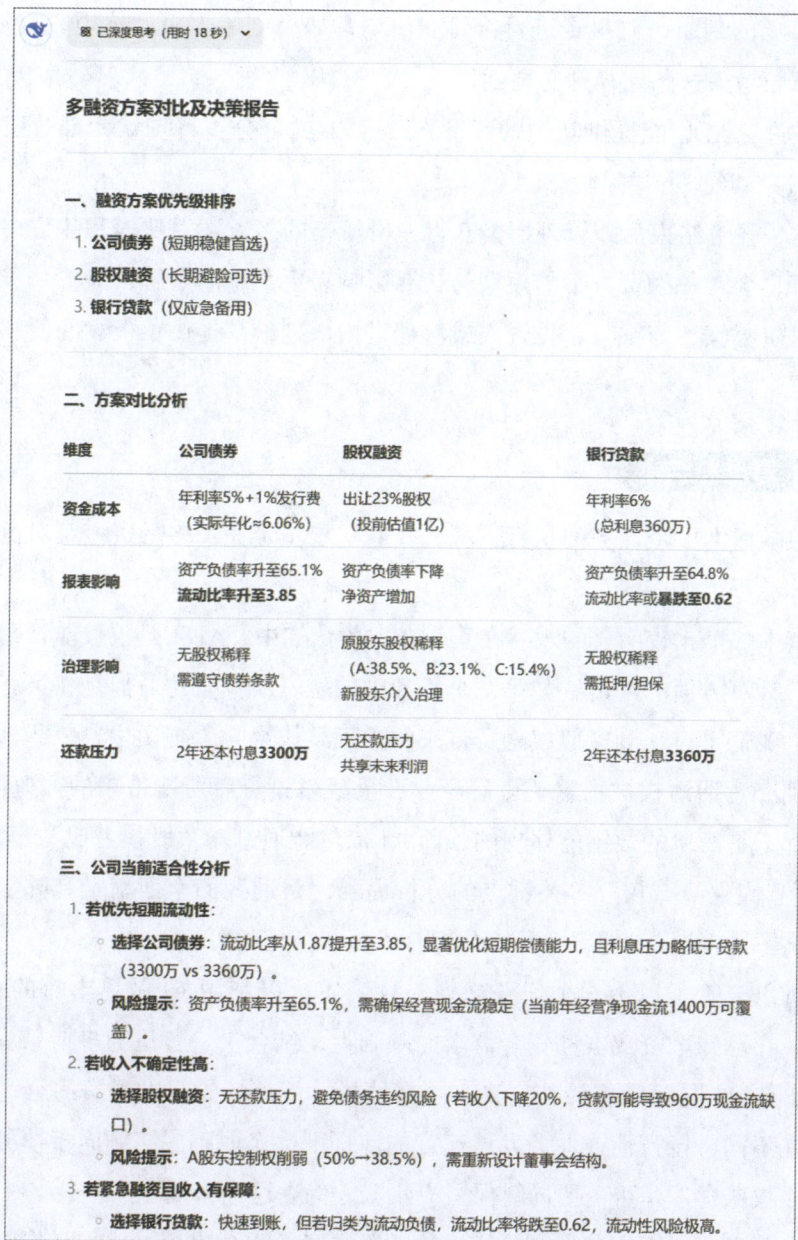

图 4-22　DeepSeek 生成融资方案对比及决策报告

因为展示的篇幅有限，这里只是让 AI 生成了一份简要的报告，如果需要更加详细的报告，可以在指令里增加相关要求。

财务人员拿到报告后，还要结合企业实际经营战略、管理层风格以及对未来市场的判断，对报告进行修订。比如，如果创始人极度抗拒股权稀释，就要重新考虑这条路径的必要性。

或许，AI 也能提供新的融资思路，比如，"部分银行贷款 + 部分股权融资"，减少单一方式风险。

这一任务结束后，管理层能获得一份清晰的多方案对比表和建议书，企业内部也会对各融资方案的短期与长期影响有更系统的了解，为下一步正式敲定融资方案，与银行、投资人或保理机构谈判，都提供了极大的便利和基础数据支撑。

○ 【复盘总结】

跟随以上 5 个任务的执行进程，我们一步步走完了多融资方案对比抉择的具体流程。

其中一个比较明显的观感在于，在一般认知中，AI 工具仅仅能帮财务人员进行计算方面的辅助，如第二个任务中的融资成本量化。但是在第三个任务里，我们重点谈到了股权融资带来的治理结构影响。现实中，一些创始团队特别介意话语权被稀释，也有企业看重战略投资者所能带来的产业协同。这些都不是简单的数字能体现的，而 AI 依然能通过对"股权占比""董事会席位""优先清算权"等关键点的分析提示，帮助我们全面衡量利弊。这里体现出了 AI 的强大理解力，让我们有了更多应用的可能。

所以，除了以上 5 个任务之外，我们还可以利用 AI 做更丰富的拓展。比如，在已知融资成本和资金需求的基础上，结合上一节里的多情景现金流分析，让 AI 同时考虑最佳情景、基准情景、最差情景下的融资组合，从而估算在不同市场行情或业务发展速度的前提下，企业到底该倾向于债务融资还是股权融资，是否需要同时保留应收账款保理这一备用选项。

在董事会层面，混合或阶梯式的融资方案经常会出现，比如，先以银行贷款解决部分流动性压力，再根据市场窗口适时发行公司债券或引入战略投资人。AI 可以在这方面继续发力，通过对话式推演，列出各阶段的资金使用节奏、还款节奏，以及由此带来的股权结构变化，最终形成更具深度和可操作性的方案。

第5章

财务数据报告可视化：让每一次汇报都直击要点

大多数时候，财务工作中的信息来源多样且复杂，想要快速抓住重点并不容易。可视化的思路，就是把那些录音或视频里的内容整理成可以阅读的报告，将难以理解的数据转化成图表、图形，让人一眼看明白。但这在过去并不是一件容易的事，甚至有人常常因为要将同样的工作变着花样用不同的方式去呈现，而感到非常苦恼。现在有了AI工具的协助，我们不必再手动更新大量图表，只需提交数据就能让汇报效果翻倍。是不是迫不及待想要了解一下是怎么回事呢？一起来看看本章的内容吧！

5.1　自动提炼财务会议要点

　　财务会议的发言内容包含大量的数字、预算项目和专业术语，且参与者在讨论中可能会频繁"跳跃"话题。到了会后，要想回顾"到底做了哪些决议""哪些财务指标被频繁提及"或者"谁负责后续的跟进"，财务人员经常需要花费好几天时间整理会议录音、对照纸质笔记誊写成文。

　　AI 会议助手这类新工具能在会议进行中同步识别发言，自动区分出要点，并迅速输出会议纪要，省去了人工反复听录音的麻烦。接下来，我们将展示 AI 如何帮我们从一个多线程讨论的财务会议中提炼重点，提升整体效率和准确性。

【案例背景】

　　最近，某医疗器械公司的研发费、水电能耗和市场推广等开支增速较快，每个月都要召开会议，对预算执行和盈亏变化进行讨论。参会人员除了财务部同事外，还包括研发主管、市场负责人以及国外合作伙伴。会议通常持续数小时，涉及各种数字报告、技术名词和外语交流。

　　面对这种场景，我们来尝试使用 AI 会议助手，看它能否自动整理不同发言者的观点，抓住会议需要执行的动议和后续步骤，并提供中外语言的及时互通。

【任务演示】

任务 01　快速同步转写会议发言

　　最开始，我们需要在设备上安装特定的 AI 助手应用（以下使用"通义"AI 助手来完成展示），由于会议时常会在不同会议室或出差场所进行，移动设备在便携性上更加有优势，比如，使用手机、平板电脑或笔记本电脑。

打开通义网页版的主界面，点击侧边栏的"效率"按钮，找到"实时记录"，如图5-1所示。

图5-1 通义网页版"实时记录"功能入口

在手机的"通义"软件中，同样是找到"实时记录"，就能进入相关功能，如图5-2所示。

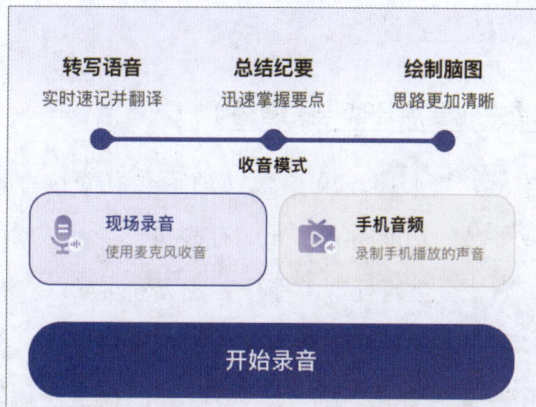

图5-2 通义"实时记录"手机功能页面

这里可以选择"现场录音"或者"手机音频"，如果会议还没开始，就选择前者；如果会议已经结束，也可以选择后者，实现一键转写。

在选择"现场录音"后，会议正式开始，任何通过话筒传入的语音内容都能被实时识别并转换成文字。AI工具会一边录音，一边把转写的文字滚动显示在屏幕上，如图5-3所示。若发现有识别错误的情况，我们可以随时点选那段文字进行手动更正，或加以标记，待会后再进行处理。

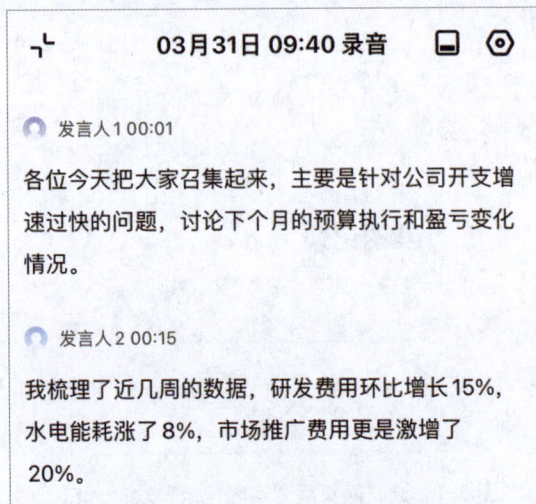

图 5-3 通义会议录音同步转写页面

可以看到，通义对不同的发言者做出了智能区分，免去了人工后续去区分的麻烦。

任务 02 自动生成要点导读与关键词

当会议告一段落，我们停止录音，AI 助手会根据转写的文本进行自动分析。不同系统或平台的功能略有差异，有些在录音中途就能生成概要，有些需要在录音结束后才会进行处理，操作方式大同小异。

以通义为例，系统会尝试从发言文本中提取关键段落，组合成一段"导读"内容，并列出相关关键词，如"预算执行""研发费用""海外合作"，如图 5-4 所示。

原文　**导读**　脑图

📄 **会议基础信息**

📅 2025-03-31 09:40:44 - 09:43:39

👤 参会人：发言人1、发言人2、发言人3

"公司目前面临的主要问题是开支增速过快，这包括了研发、水电能耗以及市场推广等关键领域的费用大幅超出预算，对公司的财务健康构成挑战。尤其在核心技术攻关这一重要阶段，需进一步加大投资以确保突破。同时，国外市场的激烈竞争迫使公司增加广告投放和渠道建设的投入，而海外合作的回款问题则影响了现金流。针对这些挑战，公司将采取措施加以应对和解决，以维持公司的稳定发展和竞争力。"

公司开支	预算执行	盈亏变化
研发费用	水电能耗	市场推广费用
核心技术攻关	市场竞争	广告投放
渠道建设	海外合作	回款速度

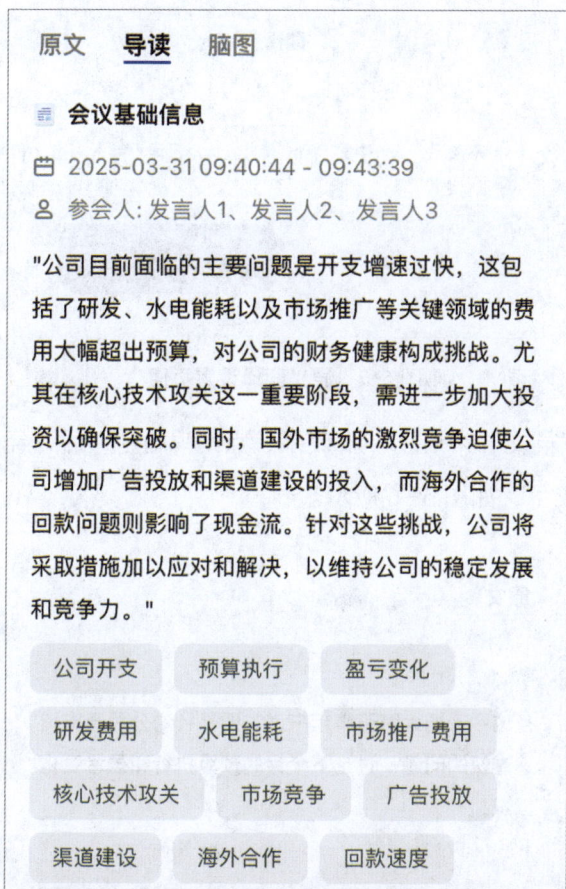

图5-4　通义总结会议内容

同时，它会扫描"请示""决定""安排""落实""责任人"等关键词，自动标注哪些发言涉及决策或后续跟进事项，将其归入"待办事项"。

任务 03　跨语言同步对照与翻译

如果参加者中有外籍合作者，或者需要让外方查看纪要，我们可以在会议结束后，点开"原文"，右上角有一个"翻译"按钮，点开就能进行语言的选择，如图5-5所示。

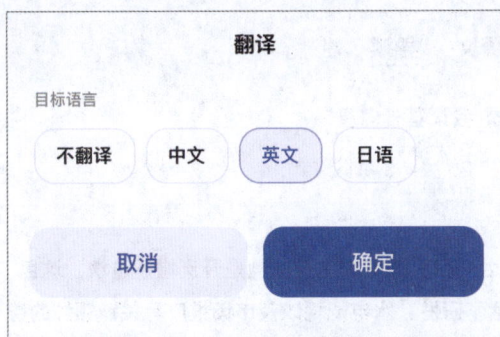

图 5-5　通义翻译设置页面

我们选择"英文"来展示一下效果，点击"确定"后，经过几秒的时间，通义就翻译完成了，如图 5-6 所示。

图 5-6　通义中英文翻译对照效果

这样，无须再另行请人翻译，就能马上向海外合作方发送一份双语版会议要点，对跨国团队协作很有帮助。

任务 04　提取图文数据重点

财务会议总会提及各种报表、图表、投影 PPT 中的数字，我们随时可以将相关的内容拍照记录，并上传给通义，通义就能自动提取出其中的文字或数据，如图 5-7 所示。

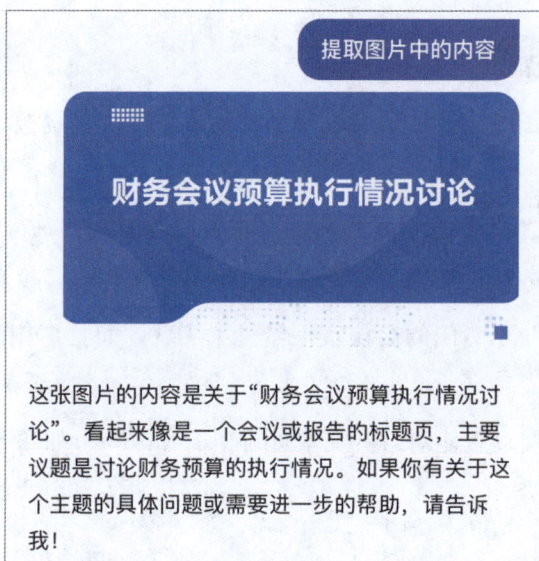

提取图片中的内容

财务会议预算执行情况讨论

这张图片的内容是关于"财务会议预算执行情况讨论"。看起来像是一个会议或报告的标题页，主要议题是讨论财务预算的执行情况。如果你有关于这个主题的具体问题或需要进一步的帮助，请告诉我！

图 5-7　通义提取图片中的文字

部分 AI 应用会自动为本次会议的主要议题做一份"可视化概览"，例如，用分支图把重点内容串联起来，生成一份脑图，让阅读者可以快速抓住主干脉络，如图 5-8 所示。

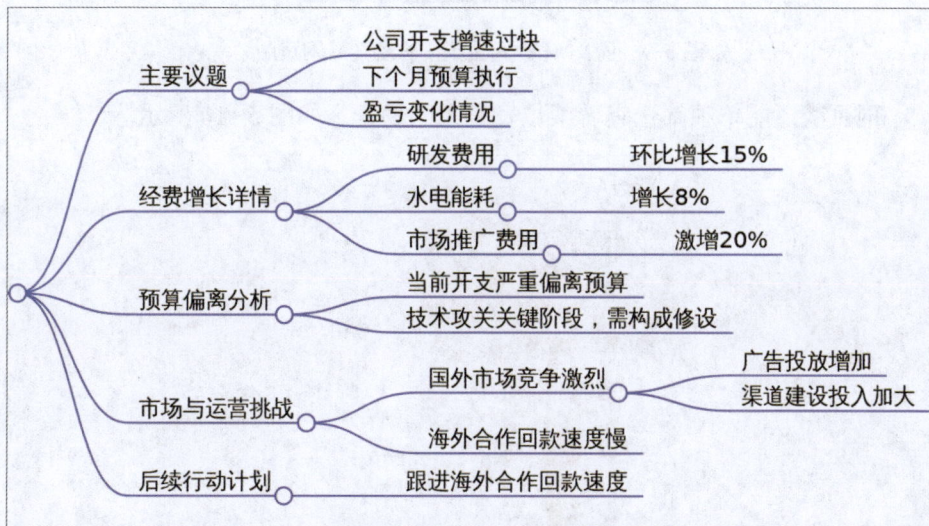

图 5-8　通义生成会议要点脑图

【复盘总结】

这 4 项任务完整地演示了会议要点的提炼过程。复盘整个过程，有以下 3 点思路总结。

①第一、第二两个任务都强调了实时转写与自动生成会议要点的流程，但并没有把硬件或软件限制在"只能用手机"。实际上，这些功能也能在笔记本电脑、平板乃至专门的会议室一体机上实现。而且，相比之下，电脑上的功能更加全面。

比如，通义网页版能对录音文本进行精简和改写，如图 5-9 所示。

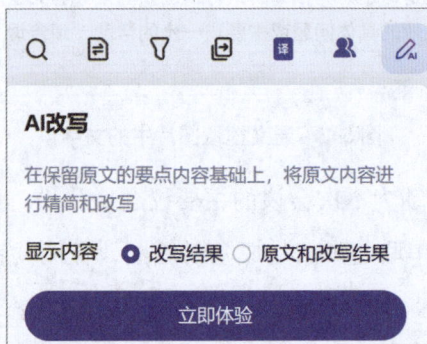

图 5-9 通义 AI 改写会议内容功能（网页版）

网页版还能单独筛选查看某位发言人的发言，如图 5-10 所示。

图 5-10 通义筛选发言内容（网页版）

另外，一些财务领域的专业术语或企业内部代号，如"产品代号""部门简称"等，未必收录在 AI 模型的默认库里。如果想提高自动纪要的准确率，可以提前在系统中建立"自定义词库"，让纪要中的核心名词更贴近企业实际。

②在第三个任务里，我们重点展示了多语言翻译功能，但如果企业常年与海外客户或分支机构打交道，单纯的双语对照纪要可能还不够。可以进一步拓展，把多语言纪要与结构化要点结合到一起，实现"一边分层总结，一边自动输出多语言版本"的效果。

举例来说，在会议结束后，AI 系统先生成带有层次分组和决策列表的中文纪要，随后再一键生成英语或其他语言版本，并尽可能保留所有层级与责任分配。这种联动可以确保国内外团队接收到的会议要点结构一致、信息同步，让后续的财务审批、预算调整都保持同一节奏。

③第四个任务提到图文数据提取，这并不局限于将会议纪要可视化。实际应用里，财务部门还可以把 AI 生成的要点对接到其他管理工具，如项目管理平台、OA 系统，或者直接嵌入企业 ERP 中，让会议决定与业务数据双向打通。

5.2　随时输出财务汇报文稿

财务人员在日常工作中不仅仅需要计算和分析，还要随时撰写各种形式的文字材料。比如，邮件汇报、个人总结、财务报告等。在紧急或突发情况下，大家自然希望能在最短时间内拿出一份既清晰又专业的汇报文稿。

好消息是，对话式 AI 工具能够让财务人的文字输出进入"快车道"。只要把关键信息、思路和目标读者告诉 AI，就能迅速得到一个初稿，自己适度修改后即可提交。

○【案例背景】

某家新能源企业的财务主管，平日里需要向不同对象发送或呈报各种文档。比如，上午要给供应商写一封邮件，解释本季度的结算变动；中午要编写一份内部财务简报，汇报给财务总监；下午还要准备一篇预算外追加申请材料，递交给公司高层审批。

以下任务展示以 DeepSeek 为例。

○ 【**任务演示**】

任务 01 生成邮件初稿

本任务需要给一家长期合作的零部件供应商写邮件，要求他们开具本月的采购发票。

打开对话式 AI 工具，告诉它写作目的和要点：

"帮我写一封给供应商 A 的邮件，主题是'货物已经收到，尽快开具本月的采购发票'，语气要礼貌、内容应简短，突出用于成本抵扣，希望对方理解并配合。"

AI 会立刻产出一段文字，如图 5-11 所示。

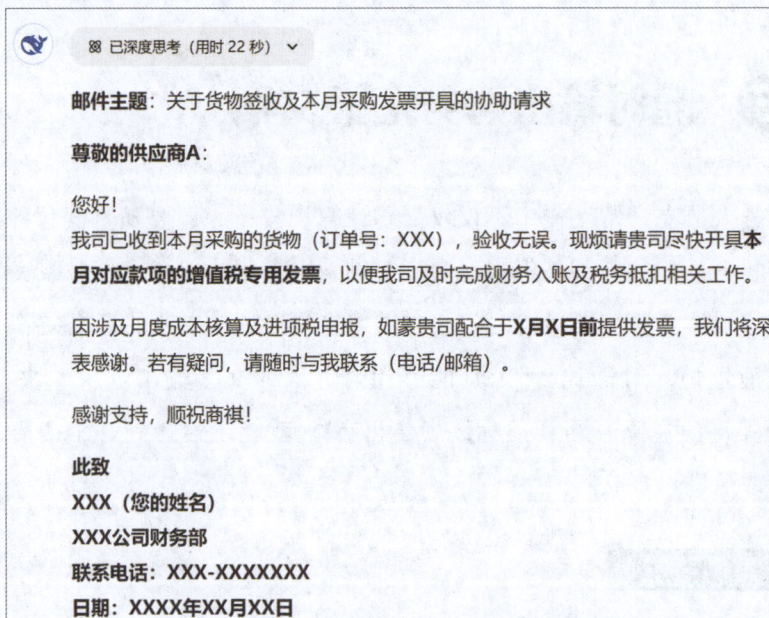

图 5-11　DeepSeek 生成邮件初稿

得到回复后，细读一遍，看看 AI 生成的内容是否涵盖我们需要的所有关键信息。如果缺失某些细节，可以再告诉 AI 补充哪些内容，或者自行修改填充。若是觉得语气过于官方，也可以让 AI 再改："请写得更亲切一些。"

最终确定后，我们就可以复制这封邮件，稍作排版调整，发给供应商。

任务 02　生成内部财务简报

假设财务主管需要每周例行向财务总监提交一份简报，包含最近的收入、支出概况，以及一两项异常指标。例如，本周收到了一笔意外保险理赔，或某项材料成本骤升等。

只需要把表格里的关键数字（如收入总额、主要支出项、异常科目等）粘贴给 AI，就能让它帮忙拟一个"简报提纲"。指令示例：

"请根据以下财务数据，帮我列出一个简报提纲。重点突出本周收入与支出总额、异常科目及原因、后续建议动作。"

然后附上具体数据，AI 会根据输入的数据，产出一份结构清晰的简报大纲，通常如图 5-12 所示。

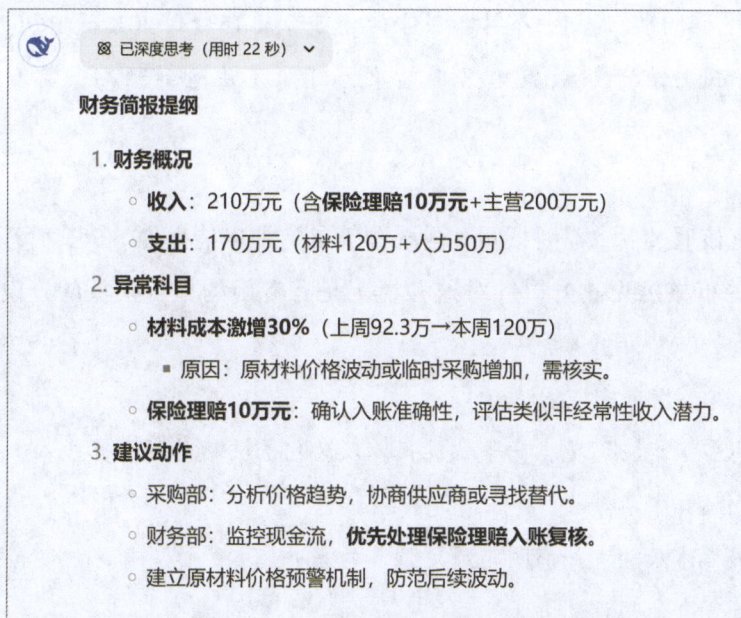

图 5-12　DeepSeek 生成财务简报提纲

有了提纲，还可以继续让 AI 按照提纲生成一份约 300 字的简报稿，方便财务总监快速阅读。

如果 AI 漏了关键信息，例如，"保险理赔到账时间""材料成本激增的具体原因解释"，我们可以补充要求，让 AI 重新插入。等信息齐全后，将简报发给财务总监即可。

任务 03 生成预算外追加申请报告

假设当公司内部出现超出原定预算的资金需求时，相关项目必须走财务部门的正式审批流程。这个流程会要求财务人员填报一份《预算外追加申请报告》，通过多维度的分析来说明项目的必要性和可行性。

现在，市场部申请 50 万元额外预算，用于新一轮产品推广，提供了以下资料。

（1）竞争对手近期加大线上投放，导致本公司产品曝光度下降。

（2）本次预算外申请金额 50 万元，主要集中在短视频平台和搜索引擎推广方面。

（3）预计投放周期一个月，保守估计可带来 15% 到 20% 的 ROI。

（4）风险在于投放策略若不精准，可能无法达到预期，需准备备用方案。

你审核通过后，需要撰写一份《预算外追加申请报告》提交管理层，说明自己的审核意见。公司针对这种情况是有专门的报告模板的，模板内容如下。

一、申请背景

说明当下市场环境、竞争状况，以及为何需要额外的预算投入。

二、预算申请金额

列明具体数额，并说明与原定预算的差异。

三、资金使用计划

明确资金的分配方式，如投放渠道、使用周期、负责团队等。

四、预期收益与 ROI

估算投放后的销量增长、利润贡献或品牌影响，并给出大致的回报率。

五、风险与对策

分析可能面临的市场风险或投放失败风险，并提出应急方案。

六、结论与审批请求

重申申请的必要性，并正式向管理层或审批部门提出申请。

根据这些背景资料和公司的报告模板，我们来演示如何借助 AI 快速套用模板，生成报告文本。

将以上信息粘贴给 AI，并要求：

"根据市场部提供的资料，按照公司的报告模板，生成一份《预算外追加申请报告》，要求语言正式且结构完整。"

AI 很快会输出一个初稿，如图 5-13 所示，因篇幅有限，只是截取了其中一部分内容。

接下来，我们需要检查内容是否完整，如果有遗漏，就再次告诉 AI，如"请增加竞争对手投放数据分析报告、ROI 测算模型"，AI 便会快速补足。

⊗ 已深度思考（用时 45 秒） ∨

预算外追加申请报告

一、申请背景

近期市场竞争环境加剧，主要竞争对手在**线上广告投放领域（如短视频平台、搜索引擎）**显著增加预算，导致我司产品曝光度与流量份额持续下滑。为应对竞争压力、稳定市场份额并提升品牌触达效率，亟须追加预算以强化精准推广能力，快速响应市场变化。

二、预算申请金额

本次申请追加预算50万元，属年度市场推广预算外资金，主要用于弥补现有投放缺口，重点覆盖短视频平台及搜索引擎两大核心渠道。

三、资金使用计划

1. **投放渠道分配**

   ◦ 短视频平台（如抖音、快手）：30万元（占比60%），聚焦高转化率内容与精准用户定向。

   ◦ 搜索引擎（如百度、360）：20万元（占比40%），强化关键词竞价与品牌专区曝光。

2. **使用周期**：1个月（XX月XX日-XX月XX日），确保短期集中曝光效果。

3. **负责团队**：市场部数字营销组全程执行，数据团队提供实时投放效果监测支持。

四、预期收益与ROI

1. **直接收益**：保守预估新增销售额**75万-100万元**（基于15%-20% ROI测算）。

2. **间接收益**：提升品牌搜索指数15%-25%，抢占竞品流失流量，巩固用户心智。

3. **回报周期**：投放结束后1个月内可完成核心数据效果评估。

图 5-13　DeepSeek 生成预算外追加申请报告（部分展示）

　　于是，在很短的时间内，我们就完成了报告的撰写，还完全符合公司的模板标准。

任务 04　生成管理层会议汇报发言稿

　　在公司的月度或季度管理层会议上，汇报人一般需要展示财务、运营等关键数据，并进行简短发言。台上展示只需要 3 分钟，而台下报告撰写却需要 3 天。

下面演示如何利用 AI，在手头只有一份数据表的基础上，快速生成一份面向高层管理者的汇报文稿。

假设公司运营情况如表 5-1 所示。

表 5-1　公司运营情况表

项目	内容
本月销售额	320 万元
上月销售额	300 万元
销售额环比增长	6.70 %
本月毛利率	35%
本月经营性现金流	80 万元
核心产品线 A 占比	40%
核心产品线 A 销售额	128 万元
核心产品线 B 占比	25%
核心产品线 B 销售额	80 万元
市场推广支出	45 万元
研发投入	20 万元
下月重要项目	新品 C 推广预热

我们将上表信息原样粘贴给 AI，并在对话中说明：

"请帮我写一份向管理层汇报的发言稿，侧重于销售表现与成本投入，最后加上一段对下月新品推广的预期分析。用于在会议上发言。"

将内容、使用场景都说清楚，有助于 AI 分析应用场合，选择最合适的语言风格生成相关内容。

AI 生成的发言稿内容如图 5-14 所示。

⊗ 已深度思考（用时 26 秒）　∨

管理层汇报材料：本月运营总结及下月新品推广规划

日期：XXXX年XX月XX日

在刚刚结束的这个月里，公司整体销售额达到**320万元**，较上月增长**6.7%**，增速保持稳健。毛利率稳定在**35%**，经营性现金流净流入**80万元**，资金周转健康，为下阶段业务拓展提供了充足支持。

核心产品线表现方面，**A产品线**仍是业绩支柱，贡献销售额**128万元**（占比40%），但其增长后劲需重点关注，建议加速迭代以避免产品老化风险；**B产品线**销售额**80万元**（占比25%），需进一步挖掘用户需求潜力，优化市场定位。

成本投入上，本月市场推广支出**45万元**，主要用于提升线上曝光量，需复盘转化效率，聚焦高回报渠道（如短视频平台）；研发投入**20万元**持续夯实产品技术储备，虽短期收益有限，但对长期竞争力至关重要。

当前业务结构稳定，现金流充足，但行业竞争加剧背景下，**产品协同与创新压力凸显**。尤其是A产品线需尽快推出新卖点，避免潜在用户流失。

下月新品C推广规划：

- **定位与策略**：瞄准年轻消费群体，主打场景多元化与个性化设计，计划投入**50万元**预算，通过**社交媒体（60%）+线下体验活动（40%）**组合快速造势。

- **目标与风险**：
  ○ 首月目标销售额占比**10%**（约32万元），拉动整体增长**5%-8%**；
  ○ 预留**10%应急预算**应对竞品冲击，供应链提前备货至**150%**预期销量，避免断货风险。

总结与行动：本月数据为新品C推广奠定基础，建议批准预算并协调市场、供应链团队细化执行方案，同步监控A/B产品线动态，确保资源精准投放与业务稳健增长。

图 5-14　DeepSeek 生成管理层会议汇报发言稿

　　这份发言稿汇报了销售额、毛利率、现金流等关键数据，也结合产品线具体表现做出了针对性判断，尤其对 A 产品线的风险预警和 B 产品线的潜力挖掘，具备现实感和前瞻性。新品推广部分规划具体，预算分配合理、目标明确，同时以留出应急预算的方式应对不确定性，体现出较强的统筹思维。结尾的总结提出了明确的下一步行动建议，让汇报不止于"讲完"，而是推动业务落地。整体来看，这算是一份兼顾经营视角与管理执行力的汇报文本，只需要稍加润色，就可以用于会议汇报环节。

任务 05　生成对外发布的财务新闻稿或公告

当需要向公众或媒体披露财务信息时，公司不仅要避免过度承诺或不当披露信息，还要兼顾易读性。相比内部报告，对外公告的措辞需要更谨慎，尤其在数字披露和前瞻性陈述方面。本任务是利用 AI 生成一份对外发布的财务新闻稿或公告。

假设公司刚刚统计完最新季度的财务业绩。与去年同期相比，公司主营业务收入增长了 15%，净利润增长 8%，新业务板块的贡献占比从原先的 5% 提高到 12%。

我们想将这些亮点写成一篇公众可读、语气谨慎的新闻稿，同时注意不要对未来营收做出具体数额预测。在操作时，可以先把核心数字和说明材料粘贴给 AI，然后给出指令：

"请用新闻稿风格撰写一份公告，以通俗易懂的方式突出收入与新业务增长，措辞要谨慎。"

AI 按照关键词，给出了一份偏向企业官方公告的风格，语言较为正式、术语较多，适合用作对外披露材料或财报的公告，如图 5-15 所示。

⊗ 已深度思考（用时 24 秒）⌄

XX公司2023年第X季度财务业绩公告

XX公司今日正式发布2023年第X季度财务报告。审计数据显示，在复杂多变的市场环境下，公司主营业务收入较去年同期增长**15%**，净利润同比提升**8%**。这一成果得益于对核心业务的持续深耕，以及运营效率与客户服务质量的系统性优化。

本季度业务亮点集中体现在新板块的快速成长上。新业务收入贡献占比从去年同期的**5%提升至12%**，初步验证了公司年初制定的多元化战略价值。通过聚焦年轻化需求与数字化服务场景，新业务在个性化订阅、智能交互等领域的创新尝试，逐步形成与传统业务的协同效应，用户活跃度与复购率显著提升。

财务健康度方面，公司本季度现金流保持稳健，并通过债务结构调整降低融资成本，为技术研发与人才储备释放更多资源。目前，公司研发投入同比增长**20%**，重点布局人工智能辅助系统与绿色供应链升级，以强化长期竞争力。

针对未来发展，管理层强调将坚持"稳中求进"策略，在巩固传统业务优势的同时，动态优化新业务投入节奏。尽管宏观经济存在不确定性，公司仍将通过数据驱动的决策机制，审慎平衡市场拓展与风险管控。关于新业务的具体规划，公司将在技术成熟后向市场披露更多细节。

此次业绩公告旨在向投资者及合作伙伴传递公司阶段性成果与战略定力。未来，XX公司将继续以用户需求为导向，在合规框架下探索可持续增长路径，为社会创造更多价值。

图 5-15　DeepSeek 生成对外发布的公告

　　AI 完成初稿后，我们需要与法务和公关部门进一步讨论措辞，避免不当披露或夸大。如果有不恰当之处，可以告诉 AI，比如，"请删除对未来具体收入数额的猜测，改为更谨慎的表述"，AI 会立即重写。

　　确认文稿合规后，可以稍加润色，再以"公司新闻公告"的形式对外发布。

○ **【复盘总结】**

　　复盘上述 5 个任务，我们看到 AI 在财务文本输出中拥有广泛的适用性：从最简单的电子邮件，到需要结构化汇报的简报，再到严肃的预算追加报告、管理层会议上的演讲稿，以及对外发布的新闻公告，AI 都能帮财务人员迅速产出草稿，初步理顺语言逻辑。虽然最后一步依然需要财务人员进行审核和补充，以避免数据或合规方面的疏漏，但整体效率大大提高。

在实践中，我们可以根据工作场景灵活地向 AI 发出指令，比如，指定目标读者（供应商、内部领导、公众、媒体）、指定篇幅与口吻（精简、正式、宣传性），以及插入具体财务数字或敏感信息要注意的合规要点。随着对话的不断深化，AI 也能越来越精准地拿捏行文风格，为财务人员带来更便捷、更专业的写作体验，让"随时输出财务汇报文稿"成为可能。

5.3 定向绘制财务图表

数据是最能说明一切的语言，但数据本身的形态并不利于直接理解。所以，财务人员在展示这些数据的时候，通常需要将它们转化为图表。

以往，我们只能在办公软件中手动设置各种图表样式，并排版、配色。如果想要做一个数据看板，就更要投入大量时间，使用专业可视化工具一步步加以处理。那有没有什么方法能跳过这些步骤，直接获得成果呢？

有，对话式 AI 工具已经具备数据可视化功能，只要输入几个简单的指令，我们就能借助 AI 快速生成可读性强的图表。此外，AI 也可以引导我们在 WPS 等办公软件中一步步绘制图表并排版。

【案例背景】

某制造公司近期发布了最新季度经营报告，财务部需要在下周例会上呈现一系列可视化图表，包括销售收入变化、成本结构以及库存周转情况，让大家能直观地看到企业的各项财务运行指标。

时间紧、任务重，而财务部门人手不足，大多同事也并不是数据可视化领域的老手。于是，财务主管决定尝试让 AI 工具自动生成部分图表，并在 WPS 等办公软件中进行进一步的编辑和美化。

【任务演示】

任务 01 快速生成基础柱状图与折线图

在日常财务分析中，最常用、最直观的图表就是柱状图和折线图。一般我们对比数据大小或数量差异时用柱状图，展示数据随时间或其他连续变量变化的趋势时用折线图。

下面是某公司 1—6 月份的销售收入和销售成本数据表，如表 5-2 所示。

表 5-2 某公司 1—6 月份的销售数据表

月份	销售收入（万元）	销售成本（万元）
1 月	100	60
2 月	120	70
3 月	90	50
4 月	150	80
5 月	160	90
6 月	180	110

方法一：利用 AI 工具 + 第三方工具

目前，很多 AI 工具是不支持直接生成图表的，但是我们可以经由 AI 工具得到 Python 代码或 Markdown 语言，再配合第三方工具做成图表。

比如，让 AI 生成一段制作柱形图的 Python 代码，如图 5-16 所示。

```python
import matplotlib.pyplot as plt

plt.rcParams['font.sans-serif'] = ['SimHei']
plt.bar(['1月','2月','3月','4月','5月','6月'], [100,120,90,150,160,180])
plt.title('销售收入'); plt.ylabel('万元')
plt.tight_layout()
plt.show()
```

图 5-16 DeepSeek 生成柱形图代码

用代码生图时，很多人会碰到一个问题，那就是字体显示不全，字体部分多是"□"，这种情况之所以出现，一般是因为我们的代码运行环境中缺少必要的字体支持。为了避免这种情况，DeepSeek 给出的这段代码还专门使用 plt.rcParams 来指定支持中文的字体，如 SimHei。

将代码放到交互环境中运行，就能自动生成一张柱形图，如图 5-17 所示。

```
import matplotlib.pyplot as plt

plt.rcParams['font.sans-serif'] = ['SimHei']
plt.bar(['1月','2月','3月','4月','5月','6月'], [100,120,90,150,160,180])
plt.title('销售收入'); plt.ylabel('万元')
plt.tight_layout()
plt.show()
```

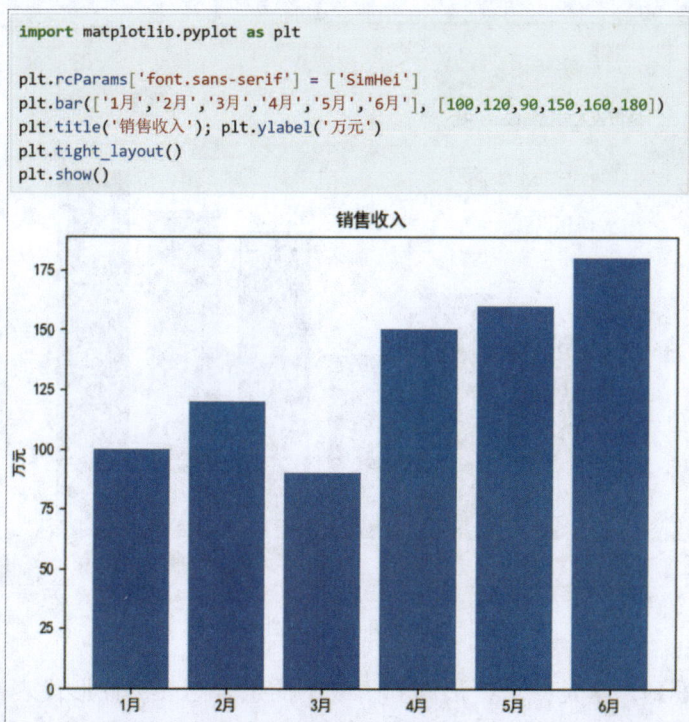

图 5-17 柱形图代码运行效果

此方法适合有一定编程基础的财务人员。

方法二：利用 WPS AI 在 WPS 中直接生成图表

打开 WPS 表格，将"月份""销售收入""销售成本"三列数据完整粘贴入单元格区域，例如，A1:C7。

然后调出 WPS AI，打开"AI 表格助手"，以对话形式告诉它：

"请根据 A1:C7 区域的数据，为我插入一个组合图表，其中柱状图表示销售收入，折线图表示销售成本，并为图表添加合适的标题。"

WPS AI 生成的组合图表如图 5-18 所示。

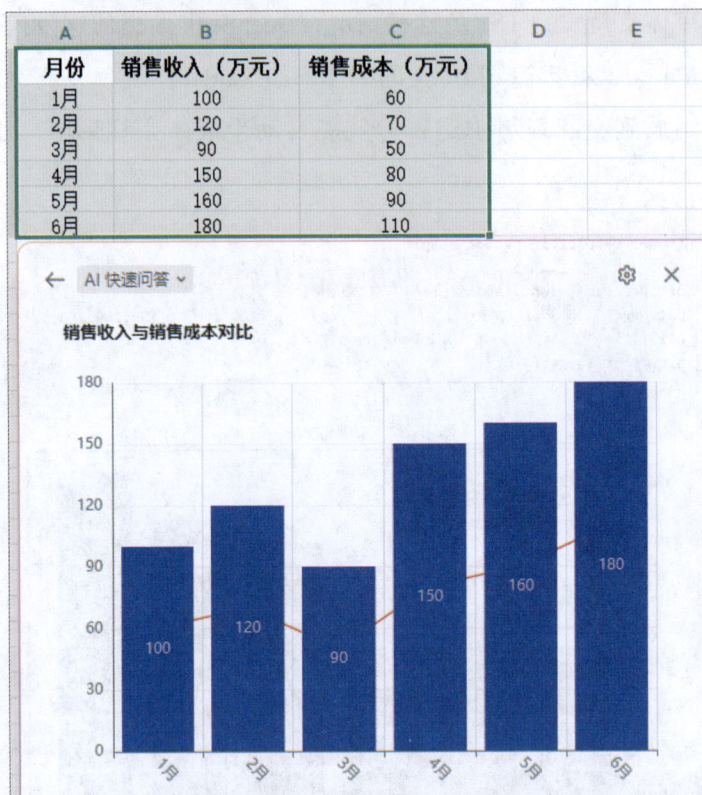

月份	销售收入（万元）	销售成本（万元）
1月	100	60
2月	120	70
3月	90	50
4月	150	80
5月	160	90
6月	180	110

图 5-18　WPA AI 生成组合图表

可以看到，这是一个柱形图和折线图的组合图表，柱形代表销售收入，折线代表销售成本。

将鼠标放到图表上，左上方会出现一个"+"按钮，点击即可将图表插入到工作簿中。

此方法无须依靠外部编程环境，适合在公司使用办公软件的场景下快速生成并编辑图表，贴合财务日常报表工作需要。

任务 02　引导制作数据透视表与数据透视图

在财务分析中，我们往往不只关心某单一维度，还会组合查看多种指标和维度，如"产品类别""地区""销售额""成本""利润率"等。数据透视表与数据透视图正是表格的强大功能，能帮助我们在一张表里灵活地筛选、切片、汇总多种指标。

下面的示例将展示如何让 AI 协助我们在 WPS 中创建数据透视表与数据透视图。示例数据如表 5-3 所示。

表 5-3　某公司销售明细表

月份	产品线	销售额（万元）	成本（万元）
1 月	A 线	120	70
1 月	A 线	100	60
1 月	B 线	80	50
1 月	B 线	90	55
2 月	A 线	130	80
2 月	A 线	110	65

将这张表完整粘贴给 AI，并说明：

"我想在 WPS 表格里制作一个数据透视表，行维度是月份，列维度是产品线，值是销售额和成本，同时还想看到利润字段，请列出操作步骤。"

AI 会输出一系列指导，如图 5-19 所示。

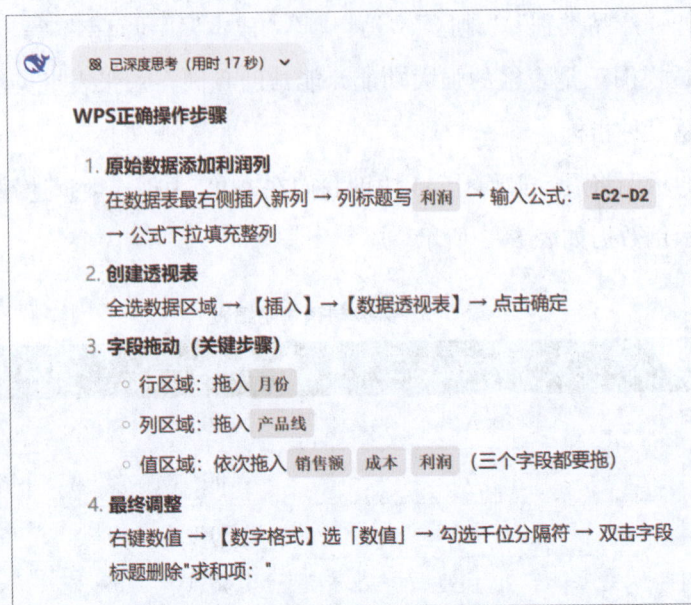

图 5-19　DeepSeek 生成数据透视表创建步骤

我们按照 AI 给出的步骤操作，做出了如图 5-20 所示的数据透视表。

	A线			B线		
月份	销售额	成本	利润	销售额	成本	利润
1月	220	130	90	170	105	65
2月	240	145	95	180	115	65
总计	460	275	185	350	220	130

图 5-20　按步骤创建数据透视表

当数据透视表生成后，为了更直观地呈现趋势，我们可以在 WPS 的"插入"功能中选择"数据透视图"，然后挑选折线图、柱状图等合适形式。如果不清楚相关步骤，也可以重复上述询问操作，让 AI 提供引导。

插入数据透视图后，我们还可以应用"切片器"进一步筛选数据。例如，在"产品线"字段上添加切片器，就可以一键切换查看"A 线"或"B 线"的各项指标走势，交互式地查看不同产品线的数据。

制作数据透视表与数据透视图的最大好处，是能让我们在单一表格中维护源数据，而在另一个表或图里随时切换、汇总、筛选想要看的内容。相比过去手动做多张静态表，制作数据透视图表不仅可以大幅节省时间，也能减少重复汇总和公式错误的风险。

○ 【复盘总结】

本节的两个任务并不是要把财务人员变成可视化专家，而是要展示一种新型的工作模式：财务人员提供核心数据与业务逻辑，AI 负责生成或指导图表绘制，之后财务人员再结合 WPS 等常用工具做适度的修饰与布局，最终在有限的时间里拿出既美观又实用的可视化成果。通过这种"人机协同"，财务部门能更从容地用图形语言表达财务状况，让数字真正"动"起来，帮助管理层和业务部门更直观地理解数据。

当然，不同 AI 平台对图表支持的深度不一。有些能直接给出动态可视化链接，有些则只能返回静态 PNG 或 SVG 图像。财务人员其实不必被"AI直接生成图"的想法局限住，完全可以先让 AI 产出思路、布局和脚本，再到 WPS、Excel 或其他可视化工具（如 Power BI、Tableau）做二次加工。毕竟 AI 直接生成的图表未必处处细节都符合要求，而且大多无法更改。在本地加工可以最大化地让成品符合公司的实用需要和审美风格。

本节主要聚焦于定向绘制图表，更高阶的应用则是让 AI 在帮助实现数据可视化的同时进行简单预测或分析，如基于销售历史数据绘制趋势外推图、用回归模型预测下季度营业额等。生成图表后，还可以让 AI 在图旁边自动加入解释文本或智能注释，例如，"本月库存周转率明显提升是因订单数量大增，需警惕原材料供应稳定性"。在这些自动洞察的加持下，图表不再停留于直观的"图形"，更能给出具有洞察力的解读。

5.4 从 Word 报告到 PPT 演示的一键转换

在大多数商务或项目场合，文字报告和演示文档是两种截然不同的呈现方式。文字版擅长条分缕析地阐述背景、数据和推理过程，而演示文档更适合在领导会议上进行快速展示，突出重点与可视化效果。

然后，为了制作用于快速展示的演示文档，财务、市场或人力资源等部门常常需要先在 Word 中编写一份详细的报告，然后再把主要内容提炼到 PPT 里，进行进一步排版、配图和修改。有了 AI 工具后，Word 文档转 PPT 不再需要耗费太多心力。只要把报告文本交给 AI（或者在文档中调出 AI 助手），AI 就能将段落、关键数据、标题结构大体梳理出来，自动生成初版演示稿，而我们只需要做最后的修饰和排版。这种一键式转换既提高了效率，又保证了 PPT 的输出效果。

接下来，我们将借助通义与 WPS AI 两个不同的 AI 工具，分别演示将 Word 报告转为 PPT 的过程，让大家在实际工作中遇到此类需求时，能随时选择合适的工具来完成内容和形式的快速转换。

○【案例背景】

下面是一份某公司财务部门近半年的部门工作进展、成果以及下一阶段计划报告。

半年度财务部工作总结与展望

一、整体目标完成情况

本财年初，我们财务部围绕"提升数字化效率、强化风险管控、支持业务增长"三大方向，设定了一系列目标。经过上半年的努力，整体目标完成率约为 75%，其中部分项目已达到或超出预期，但也有一些环节仍有改进空间。

二、主要工作成果

（1）数字化进程：完成了应收账款自动化核对模块的上线工作，相比人工操作效率提升 60%，差错率显著下降。

（2）成本控制：在原材料价格上涨的情况下，通过加强预算监控与供应商谈判，综合采购成本同比仅上升 3%，低于行业平均涨幅。

（3）财务共享平台上线：促使境内多个分支机构集成到共享系统，缩短了月度结算周期，一定程度上缓解了财务人力不足的问题。

三、现存问题与挑战

（1）自动化程度不平衡：部分子公司仍未纳入数字化核算流程，需要进一步整合。

（2）内部人员培训：新系统对员工操作技能要求较高，目前只有60%的员工完成培训，后续需要加大推进力度。

（3）政策影响：近期财税政策变化频繁，需要跟踪解读并快速落实。

四、下阶段计划

（1）强化内部培训：利用线上线下相结合的方式，全面覆盖财务与相关业务团队。

（2）加强风控与合规管理：在数字化系统中引入更多自动预警机制，提高风险监测精准度。

（3）深化外部协同：与更多供应商、客户系统对接，进一步打通流程数据，降低对账和结算的人工负担。

五、总结

综合来看，财务部在上半年打下了不错的数字化基础，但仍需持续完善，特别是在系统整合和培训方面。未来，我们将紧扣"降本增效、守牢合规"这一核心，在优化流程、强化内部协同和外部联动上继续发力，为公司的业务拓展保驾护航。

接下来，我们要将这份部门工作总结转换为一份PPT，以便在下周的公司月度会议上汇报。

○ 【任务演示】

任务 01　使用通义将文档转换为PPT

打开通义的主界面，点击侧边栏的"效率"按钮，找到"PPT创作"，如图5-21所示。

图 5-21　通义网页版"PPT 创作"功能入口

点击"开始创作"，进入内容上传页面，如图 5-22 所示。

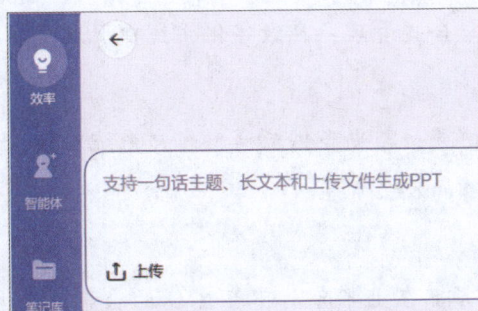

图 5-22　通义"PPT 创作"内容上传处

通义支持一句话主题，也支持长文本或者文件上传。报告内容较短时，我们可以直接将报告粘贴到对话框中；如果报告内容较长，也可以将文档拖拽到对话框完成上传。

注意，这里只需要将内容上传，不需要发出任何指令。

上传完成之后，点击"下一步"，系统会自动识别文档内容并进入大纲确认界面，如图 5-23 所示。

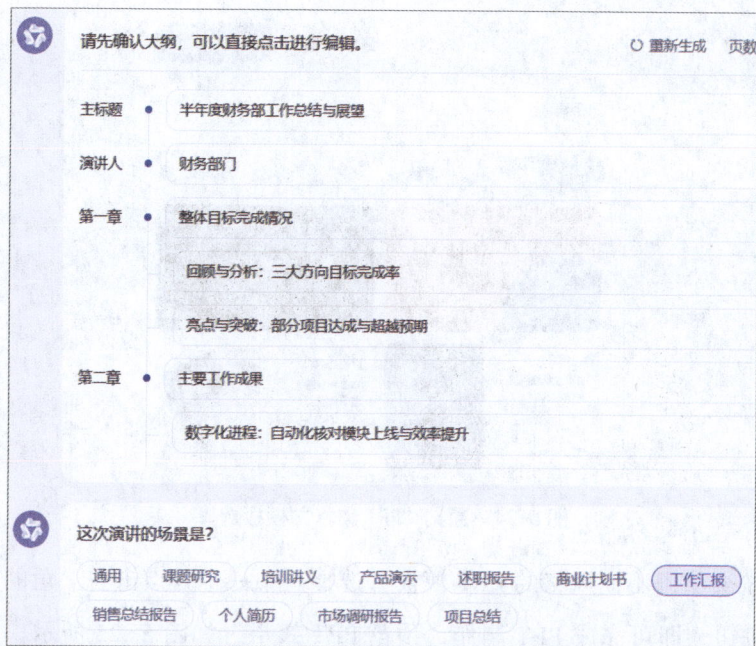

图 5-23　通义"PPT 创作"大纲确认页面

　　界面会显示自动生成的大纲或提示，方便我们快速预览系统对文档内容的理解和拆分。我们可以在此界面进行增加、删改等操作，比如，合并某些章节，拆分子目录，或者修改文字表述。

　　最后还可以选择演讲的场景，比如，选择"工作汇报"，让 AI 后续根据 PPT 的应用场景进行布局设置。

　　确认无误后，再次点击"下一步"，即可进入 PPT 生成页面。在这一页面，最醒目的板块就是 PPT 模板选择，如图 5-24 所示。

图 5-24　通义"PPT 创作"模板选择

系统会给出不同风格的 PPT 模板，选择其中一个并点击右上角的"生成 PPT"按钮，即可完成 PPT 制作，预览 PPT 效果，如图 5-25 所示；如果对效果不满意，还可以点击右上角的"切换模板"，来预览其他模板的效果。

图 5-25　通义 PPT 生成效果

目前，为了让 PPT 在视觉表现上更有层次感与逻辑性，通义支持插入层级图、流程图和循环图。

层级图适合展示组织结构、部门关系、项目分级、产品架构等需要层次化表达的内容，比如，财务分析的"成本—费用—税费"层次，或人力资源的"公司—部门—小组"结构等。

流程图适用于展示业务流程、操作步骤、审批流程、项目里程碑等，例如，报销流程、采购流程、"生产—质检—出货"流程。

循环图则一般用来展示具有周期性、循环性或反馈关系的内容，比如，"预算—执行—反馈—调整"的管理闭环，或"产品设计—研发—测试—上线—用户反馈"的迭代流程。在财务领域，这种图形有助于表达"不是一次性完成，而是持续优化"的逻辑，让观众一眼看出核心机制的动态循环关系。

进入演示稿编辑界面后，若系统识别到文档中含有可层级展示的内容（如层次型小标题），会在生成 PPT 内容时自动插入相对应的图。

若系统未自动识别，我们也可手动选中一段大纲文字或列表，点击侧边栏的"插入层级图"或"插入流程图"按钮，如图 5-26 所示，系统就会根据我们选定的内容，自动生成层级图。

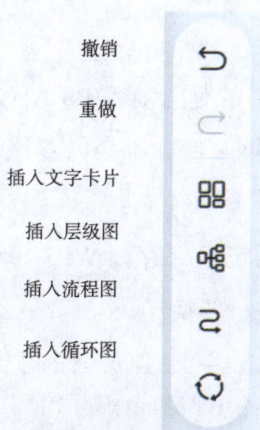

撤销

重做

插入文字卡片

插入层级图

插入流程图

插入循环图

图 5-26　通义"PPT 创作"侧边栏功能

当 PPT 确认无误后，只需要点击页面最上方的"导出"按钮，就能将做好的 PPT 导出为各种格式，如图 5-27 所示。比如，选择第一个"导出为PPT"，就会得到一个本地 PPT 文件，方便对其进行更细化的编辑。

图 5-27　通义 PPT 导出入口

任务 02　运用 WPS AI 将总结转换为 PPT

如果你本身就习惯使用 WPS 写文档和制作 PPT，那么这个方法或许更贴近你的工作习惯。

先要确保自己使用的是含有 WPS AI 功能的版本，一般来说，只要是最新的 WPS 电脑版或网页版，都会内置该选项。如果版本较老，需要进行更新。

然后检查报告是否已经保存在 WPS 可读的格式中（.docx 或 .wps 等）；若是其他格式，可先进行转换。

无须打开 PPT，在文字报告页面的主界面上直接就有一个"WPS AI"功能按钮，如图 5-28 所示。

图 5-28　WPS AI "文档生成 PPT" 入口

点击"文档生成 PPT"，WPS AI 会自动新建一个演示文稿，并同样进入大纲确认页面，WPS AI 自动识别文档的内容，生成了一份 PPT 大纲，之后就是选择 PPT 模板，如图 5-29 所示。

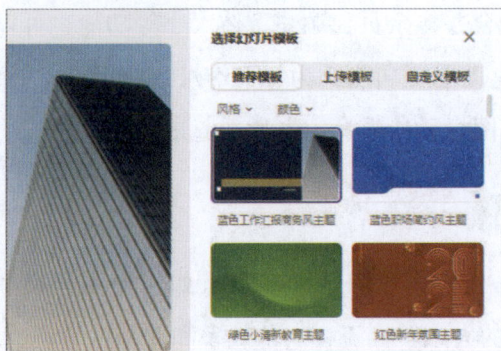

图 5-29　WPS AI 选择幻灯片模板页面

与通义不同的是，WPS AI 这里不只有推荐模板，也支持用户自由上传个人收藏的模板，还支持用户以一张喜欢的图片作为背景，生成一份自定义模板。自定义模板正好可以满足公司对幻灯片色彩、字体、Logo 位置等方面的统一要求。财务报告、销售演示、技术方案等不同类型的文档，也可以拥有各自的专属模板。

我们先任意选择一个模板来看看 WPS AI 的 PPT 生成效果，如图 5-30 所示。

图 5-30　WPS AI 的 PPT 生成效果

WPS AI 马上生成了一份基础幻灯片预览，最重要的是，这是一份可以直接在本地编辑、查看的 PPT，因此所有的 PPT 美化手段都可以直接应用，修改文字、删除或合并多余页、调整字体大小等功能也可以随时进行。WPS AI 还提供了"美化助手"功能，为每页幻灯片应用统一的色调与标题格式，再加上一些插图或图标，让整套幻灯片看起来更专业。

○ 【复盘总结】

在以上两个任务中，我们分别演示了如何使用通义和 WPS AI 完成从 Word 报告到 PPT 的大致转换流程。从效率和便利性来说，二者各有特色。

通义作为对话式 AI，在拆分报告要点、快速概括文档结构上表现不错，能以更大自由度产出初稿，也可根据指令生成辅助脚本或 Markdown 等格式的文件，让一些半自动化的方案变得更为灵活。但是，通义本身与 PPT 软件是没有联动的，用户最终还是需要把成果导出到本地，才能进行更加细微、复杂的美化操作。

反观 WPS AI，通义所缺少的，恰恰是它最擅长的。WPS AI 的存在与 WPS 生态无缝衔接，文档和 PPT 可以在同一软件环境里转换，生成后的演示文稿可以直接进行后期处理，不需要频繁切换应用。但是，对一些比较冗长或者结构较为复杂的报告来说，WPA AI 在抓重点方面可能不如一些成熟的对话式 AI 工具。毕竟，PPT 本身是对演讲的提示，并不需要用户将所有内容放上去。

但无论是以上哪种方法，都能让我们在 5 分钟之内将一份报告做成 PPT，省去了大量手动整理的步骤。

更进一步来说，PPT 只是一个演讲的助手，协助演示一些重要的内容，在演讲过程中演讲人或者汇报人所要陈述的内容，要远多于 PPT 所展示出来的。所以，当一份 PPT 制作完成，用户还可以反过来将 PPT 上传给 AI 工具，要求其根据 PPT 内容，出具一篇适合的发言稿，这对于需要上台发言的财务人员来说，又是一大助力。

第6章

AI 财务落地：
打造"AI+"的财务工作流程

　　数字化、智能化时代已经到来，财务部门也掀起一股"AI+"工作流程再造的热潮。可惜的是，大多数人虽然态度积极，但苦于不知道从哪儿着手。比如，我们可能听过"训练你的私人财务顾问"这类说法，但上哪儿创建，怎么训练呢？还有，在财务工作中，到底哪些环节适合引入 AI 呢？这一章内容就是专门解答此类问题的，旨在教会财务人将 AI 工具真正融入自己的工作流程中，甚至利用 AI 走入一些自己之前从未涉足过的新领域，比如，编程领域。

6.1 训练你的私人财务顾问

不少从事会计、资金管理、预算管理等业务的专业人士，都曾想拥有一个"随叫随到、永不疲倦"的顾问，能在分秒之间解答各种日常难题，帮忙处理常见咨询，甚至辅以专业建议。现在，对话式 AI 工具在很多方面已经将这一想法落地。

但是在使用过程中，很多人发现，AI 的回答大多只是基于一般情况下的通用回答，对于一些企业实践中的细节，AI 并不清楚，因此实用性有所欠缺。不过，对话式 AI 工具中还有一项重要的功能有待开发，那就是"智能体"，通过为 AI 工具加入自定义资料或知识库，我们可以创建一个专属的智能体，让它更贴合公司内部流程，或针对个人理财需求给出针对性的回答，这样，专属于个人的"随叫随到、永不疲倦"的财务顾问就成了现实。

○ 【案例背景】

假设你是一家金融科技企业的资金管理主管，近期公司正在加速布局海外结算业务。在此过程中，财务部门必须掌握大量关于跨境支付、合规申报、汇率风险等领域的知识。你手头拥有一份公司专门整理的《跨境资金管理指引》，里面涵盖了汇款流程、备案要求、限额规定、KYC 审查以及财务报表示例等详细条款。

为了减少重复解答，你希望把这份指引变成一个"私人财务顾问"式的智能体，让公司内部人员，尤其是分公司财务或业务经理，在遇到问题时，可以直接和 AI 对话并获得专业回答，不再三番五次发邮件或打电话咨询。

下面以通义为主要工具，演示如何从零开始搭建一个能回答特定金融场景疑问的智能体。

○ 【任务演示】

任务 01　创建我的智能体

　　登录通义平台，在侧边栏找到"智能体"，点击进入后，在"发现智能体"页面上方，有一个醒目的"+ 创建我的智能体"按钮，如图 6-1 所示，点击即可开始我们的智能体创建之旅。

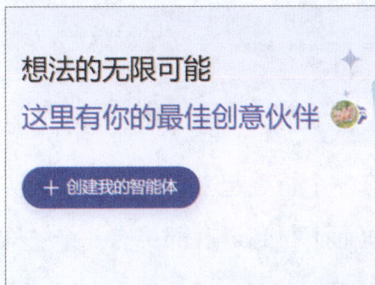

图 6-1　"创建我的智能体"入口

　　通义提供了一些智能体的创建模板，但因为我们想要创建一个完全符合自身情况的智能体，所以选择"自由创建"，进入智能体设置页面。在这里，我们将对智能体的各个细节进行设置，如头像、名称、设定、权限等。

　　通义提供了 AI 绘制头像功能，可直接在此生成一个标志性图案。例如，"一个专业财务顾问图标，包含货币和文件元素"。当然，我们也能自定义上传企业吉祥物或公司 logo，使智能体更具识别度，但头像不会影响 AI 回答本身，仅起到视觉提示作用。

　　至于名字，简单好记即可，这里我们先为它取一个好记的名字，如"财务顾问"或"跨境结算小帮手"等。之后，我们围绕自身的期望输入设定。

　　比较重要的一项设置就是权限，权限有三种：一种是完全公开，一种是部分公开，还有一种是仅自己可见。完全公开的智能体能被全网搜索到，不适合我们当前的使用场景。当前的智能体是供公司内部人员自己使用的，因此我们选择部分公开。

　　最后设置完的情况如图 6-2 所示。

图 6-2　我的智能体设置

设置页面的下面还有一个折叠起来的"高级设置"，绝大多数项目是选填的，影响不大，但是将页面下拉到最底部，有一个"知识"，如图 6-3 所示。

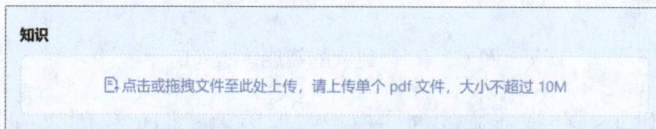

图 6-3　高级设置"知识"功能

这里就是让智能体更加契合我们自己情况的关键位置，也是我们训练的主要内容。我们在这里提供的内容越详细，智能体的回答就越贴近公司的真实需要，比如，我们将公司专门整理的《跨境资金管理指引》上传。

上传成功后，AI 会把文本信息吸纳到数据库中，在后续回答中若检测到关键词或相关话题，就会匹配和引用这些资料内容进行回答，而不是依据网络上的一般内容。

设置完成后，点击"创建"，我的智能体就创建完成了。

任务 02　测试提问我的智能体

为了确认 AI 是否能用上传资料回答问题，可再次打开创建好的"财务顾问"智能体，如图 6-4 所示。

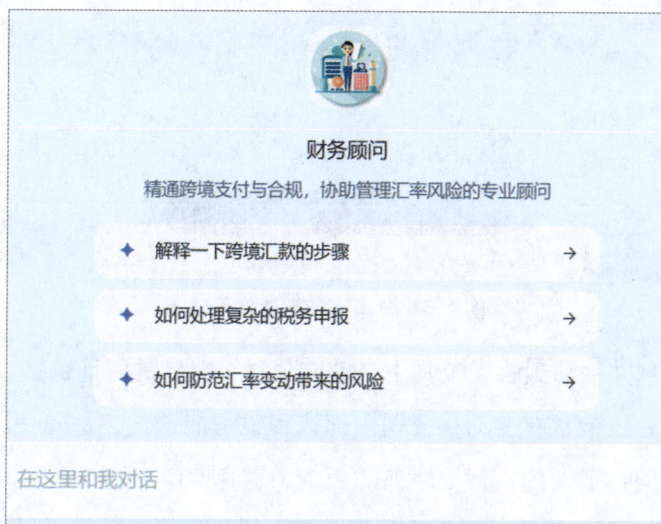

财务顾问

精通跨境支付与合规，协助管理汇率风险的专业顾问

- ✦ 解释一下跨境汇款的步骤　　　　　　　　　→
- ✦ 如何处理复杂的税务申报　　　　　　　　　→
- ✦ 如何防范汇率变动带来的风险　　　　　　　→

在这里和我对话

图 6-4　与我的智能体对话页面

向其提问：

"如何向海外合作方支付款项？需要先做哪些申报？"

看看 AI 给出的回答是否引用了我们上传的指引细节，若只出现通用信息，说明需加以调整。

如果回答明显偏离正确方向或太模糊，可在 "设定" 中进一步强调，比如，写道："回答必须基于上传文件中的政策说明，不要凭空猜测或罗列与本公司无关的条例。"

任务 03　分享我的智能体

经过测试调整，在确认智能体可以正常使用后，可以将智能体以链接形式发给同事，也可把它嵌入公司内网或财务系统里，让相关人员能够一键访问。

分享的入口就在智能体头像的右上角，点击 "分享"，会自动跳出 "复制链接" 的按钮，如图 6-5 所示。

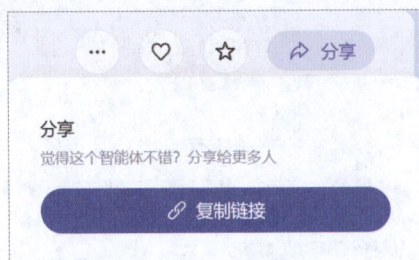

图 6-5　分享我的智能体入口

点击复制并粘贴到聊天工具中，就能分享智能体的网址链接。

由于金融政策常有变动，公司内部流程也可能迭代，每隔一段时间就要把最新修订版指引上传，替换之前的版本，避免 AI 回复陈旧信息。

如果文件规模庞大，可考虑拆分为多个部分上传，并且可以在目录中标注更新要点，让 AI 在引用时能够更有条理、更有效率。

○ 【复盘总结】

通过以上步骤，我们已经在通义 AI 平台上创建了一个兼具企业特色和专业知识的"财务顾问"。整个创建过程基本可以概括为"创建智能体—上传资料—测试优化"这三步，操作简单快速，适合平时有提问需要的财务人员，用来快速配置私人助理。

除了跨境资金管理方面的财务咨询外，类似"私人顾问"还能延伸到产品培训、合规运营、客户支持等众多领域。我们可以将各种培训资料或操作手册注入 AI，让它变身全方位的"资料库问答助手"。

如果搭配多语言能力，企业海外分支机构的员工也能用母语与 AI 沟通，对节省翻译时间和精力、减少跨文化沟通障碍大有裨益。

6.2 识别最适合用 AI 改造的财务环节

财务部门的日常工作除了制表、做 PPT，还包含一些琐碎、机械却不容忽视的内容。一旦没人处理，整个财务流程就可能中断或出现纰漏。从表面看，这些小任务并不算核心工作，但财务团队每天都被它们拖住脚步，比如，查验成百上千张发票、处理零散的报销手续、跟进月度税务申报、安排多家供应商对账付款、归档成堆的历史凭证，等等。每件事虽然都不算大项目，却足以让财务人员每天忙得焦头烂额。

对话式 AI 的崛起为财务人员带来了新的契机，只要让 AI 承担更多重复性或流程化的任务，就能进一步把人力解放出来。

○ 【案例背景】

某生产加工型企业，规模中等，拥有一个由十来名财务人员组成的财务部门。公司业务范围涵盖原材料采购、生产、销售和售后服务等多个环节，供应商和客户都不少。

财务部门分为"应收组""应付组"和"综合组"。应收组主要管理销售开票与客户回款，对账内容非常繁杂；应付组则要处理采购、劳务、各类外包付款等，每月收到的票据和费用报销单据堆积如山；综合组主要负责成本核算和财务分析工作，但他们也时常分出人手去帮应付组检查发票、对账、跑税务申报等。

在这样的现实背景下，企业开始尝试让对话式 AI 介入这些最易标准化、流程化的工作任务，由此迈出 AI 财务落地的第一步。

○ 【任务演示】

任务 01　大批量的发票核验

在一些企业里，每月待处理的发票可能有几百到几千张，财务人员需要逐张比对发票抬头、税号、金额，并且将发票对应到正确的项目或成本中心。

AI 介入的思路是基于文本识别功能，自动读取发票上的抬头、税号、金额、开票日期等关键信息，将发票内容汇总成表。

比如，将电子发票的 PDF 文档上传给 AI 工具，并提问：

"请将这三张电子发票汇总成一张发票管理台账表，内容包括发票代码、发票号码、开票日期、购方名称、购方税号、销方名称、销方税号、金额、税额、价税合计、发票校验码、发票类型、备注等关键信息。"

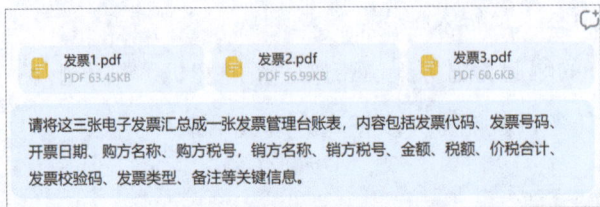

图6-6　上传电子发票并提问

提问过程如图6-6所示，如果有需要的话，还可以提出更进一步的要求：

"若发票金额大于1万元或者开票日期超出当月范围，需特别标记。

"若发票抬头与公司名称不匹配，判定为异常票据。"

最后只需要将AI制作完成的发票台账导出到本地，进行人工审核即可。

短短5分钟内，财务人员就能得到一张信息录入表，还能对比查找哪些发票是异常票据。

任务 02　多家供应商的应付账款对账和付款安排

企业往往由许多供应商提供原材料、服务或其他协作，每个月都可能收到不同的发票或对账单，账期、付款方式各不相同。一旦规模较大，财务就需要花相当多的时间来对账、核实数据、发送付款指令。有时对方没及时寄发票，或填错了金额，财务就得重复沟通、修改记录，直到对上为止。

在该工作任务中，AI介入的思路包括以下四点。

①合并对账：从ERP或财务系统导出所有供应商的应付账款明细，并把供应商发来的对账单电子版（PDF、Excel）也统一放到AI可读取的文件夹里。

②自动匹配：AI根据供应商名称、发票号或业务编号，将对方对账单与公司内部应付清单进行比对，查找是否存在金额差异或漏记的项目。

③分层显示异常：若发现某供应商的应付账款在系统里登记的是10万元，但对方对账单写成了12万元，AI就会用醒目的标识将该记录列为异常行，并简要说明可能的差额原因，如某张发票未入账、某张发票重复录入等。

④生成待付款清单与计划：在对账完成后，AI可根据每个供应商的信用周期和历史付款习惯，自动生成下周或下个月的付款优先级和总额计划，让财务在批准付款指令前能够更轻松地掌握大局。

由AI先做大规模的核对，可以替代掉绝大部分人工比对过程。财务人员将精力集中于异常项目，通过与供应商沟通或查看资料确认差异。最终，AI还能帮助输出一份清晰的付款时间表，结合公司现金流状况提出顺序建议，为管理层在付款排程上提供参考。

任务03 历史凭证的归档、查找与调阅

企业在日常运营过程中，会累积海量原始凭证、财务合同、银行流水记录等文件。很多公司在纸质和电子文件管理上都比较混乱，导致事后查询时要翻箱倒柜，浪费不少时间。尤其当内外部审计、税务部门稽查或公司内部追溯时，查资料往往成为一项浩大的工程。

AI的介入思路包括归档分类、对话检索、查漏补缺三个步骤。

①归档分类：财务人员可以先把海量的PDF或纸质扫描件按财务科目、时间、项目等维度进行初步分类，之后让AI基于文件内容自动识别关键字段，如日期、发票号码、合同编号，给每份资料生成统一的命名格式，例如，"202505合同供应商×××编号001"。

这一步其实跟本节的任务01发票核验类似，只不过将发票换成了其他文档。

②对话检索：当有人需要调阅某份历史资料时，可以直接在系统对话中发问："帮我找一下2025年5月与供应商×××签订的采购合同"，AI即可从已归档文档里迅速检索到相应合同文件并提供下载链接或内容摘要。

这一步用到的功能类似于AI阅读，在通义AI工具中就有类似的功能，如图6-7所示。

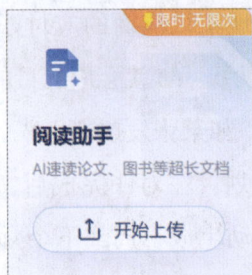

图 6-7　通义网页版"阅读助手"功能入口

该功能的位置同样在侧边栏的"效率"菜单中。点击"开始上传"，就能将企业的历史文档上传至 AI，上传的内容可以是办公文档、论文，甚至可以是图书，AI 可以瞬间阅读相关内容，然后回答相关问题。

当然，这种速读功能的作用对象并不局限于文档，也可以是音频、视频，甚至可以是一个网址，如图 6-8 所示。

图 6-8　通义网页版效率菜单中的其他功能

财务文档在保存、发送的时候如果需要转换格式，也可以在 AI 工具中进行。

③批量查漏：财务人员每隔一段时间要检查某些月份或项目有没有相关发票或凭证缺失的情况。AI 可能会在对话里回答："当前库里共计检索到 50 张发票，但系统登记的是 52 张，可能少了两张，需要关注。"这样就能快速定位问题，不必靠人工一份一份地对比文件。

将 AI 引入归档和检索后，整个财务部门在文档管理上会更轻松。日后若审计或稽查部门想要查看特定时期的交易记录，公司财务部门不用再人工翻找档案，只需一句话就能让 AI 立刻呈现文件清单。

○ 【复盘总结】

从上面这 3 个常见的任务可以看到，越是基础、烦琐、机械、依赖查找或对比的工作，越适合优先让 AI 切入。只要借助对话式 AI 完成前期的自动筛查、对比和汇总工作，人工就能集中精力去解决异常情况或特殊需求，显著提升整体效率和准确度。

在这一节里，我们把 AI 引入了 3 个财务小环节：批量核验发票、供应商应付账款对账，以及历史凭证的归档和查找。表面上看，这些事务都不是财务分析或决策中的重头戏，却常常占据大量时间和精力。引入对话式 AI，即先让 AI 做初步的机器识别、筛查、归类，财务人员只在后段进行重点审查或异常情况沟通，这种模式大幅降低了重复劳动的强度，也提高了信息准确度。

更灵活的是，AI 还能配合一些微创新应用。比如，遇到紧急付款或现金流调度时，可以让 AI 即时生成一份对比图表，展现下周需支付款项与目前各账户余额；又如，可以给供应商定制一个提醒脚本，自动在约定日期前发送邮件追要发票；再如，在统计部门费用报销时，AI 可以帮忙生成可视化的"费用排名"，让人一目了然地看出哪些科目超支严重。以上拓展用法，都是让财务流程更透明、更可控的有效手段。

最终，这些带有 AI 辅助性质的"细节改造"将成为财务数字化的基石，让财务人员的角色从"账房先生"逐步升级为"价值创造者"，使其在企业成长中发挥更大的作用。

6.3　AI+Python 简化重复性任务

内容进行到这里，相信很多财务人员已经尝试使用过对话式 AI 工具，体验过它在处理自然语言时的强大之处，比如，问 AI 一些专业知识、要求

AI 做篇报表描述文稿之类，常常能收到惊喜答复。不过，在工作中，涉及大批量数据表处理、复杂的跨表合并或精细化计算等任务场景，AI 工具在处理时却经常出现失误，或者达不到我们想要的效果。

好在，AI 与 Python 加起来，就能实现强强联合。我们把场景和需求告诉 AI，让它产出可执行的 Python 代码，再把代码拿到本地环境中运行，就能大规模处理数据、自动生成结果文件，甚至做一些逻辑性很强的校验或计算，一口气解决最后的重复性任务。

【案例背景】

为便于演示，这里准备了一批某公司的示例数据，如表 6-1 和表 6-2 所示。

表 6-1　销售明细表

客户 ID	销售日期	产品名称	销售数量	单价（元）	销售金额（元）
C001	1/10	办公椅	10	200	2000
C002	1/12	显示器	5	900	4500
C003	1/15	锂电池	100	30	3000
C001	1/18	文件柜	2	600	1200
C003	1/18	锂电池	50	30	1500

表 6-2　月度费用表　　　　　　　　　　　　　　单位：元

日期	管理费用	销售费用	物流费用	其他费用
2025/1/1	500	800	300	100
2025/1/2	520	750	280	120
2025/1/3	530	770	290	100
2025/1/4	600	820	310	150
2025/1/5	550	780	300	130

○ 【任务演示】

任务 01　批量拆分生成客户对账单

在真实工作中，财务人员经常需要按"客户"来输出对账单，说明本期销售明细、应收金额、累计欠款等。假设公司在某月份里会产生数张销售明细表，每张表包含多位客户的订单信息，如表 6-1 所示。月末要把这些销售明细，按照客户拆分成若干份"对账单"并发送给客户确认。

这样一下子生成几个，甚至几十个、上百个文件的工作，非常适合交给 Python 处理，但不懂代码的财务人员对此束手无策。那么交给 AI 工具，就能得到一段正确的代码。

在对话式 AI 工具的对话框中输入：

"我有一张销售明细表在电脑桌面，请编写一段 Python 脚本，帮我按照客户 ID 分组，为每位客户生成一份对账单，单独包含表头和客户的所有订单行，并在末尾合计'销售总金额'，每张对账单的命名规则为'对账单_客户 ID_1 月 .xlsx'，最后在电脑桌面新建一个'对账单'文件夹，存放做好的对账单。"

DeepSeek 生成的代码如图 6-9 所示。

```python
import pandas as pd
import os

# 设置路径
desktop = os.path.join(os.path.expanduser('~'), 'Desktop')
output_folder = os.path.join(desktop, '对账单')
os.makedirs(output_folder, exist_ok=True)

# 读取数据（请将"销售明细表.xlsx"替换为实际文件名）
df = pd.read_excel(os.path.join(desktop, '销售明细表.xlsx'))

# 处理每个客户
for client_id, group in df.groupby('客户ID'):
    # 复制数据并添加合计行
    invoice = group.copy()
    total = pd.DataFrame([[''] * len(invoice.columns)], columns=invoice.columns)
    total['销售金额'] = invoice['销售金额'].sum()

    # 合并数据
    final = pd.concat([invoice, total], ignore_index=True)

    # 保存文件
    final.to_excel(
        os.path.join(output_folder, f'对账单_{client_id}_1月.xlsx'),
        index=False,
        engine='openpyxl'
    )
```

图 6-9　DeepSeek 生成表格拆分代码

将这段代码复制到 Jupyter Notebook 或 VS Code（自行安装即可）中运行，即可自动读取该表格中的所有销售明细，按"客户 ID"分割输出多份对账单，如图 6-10 所示。

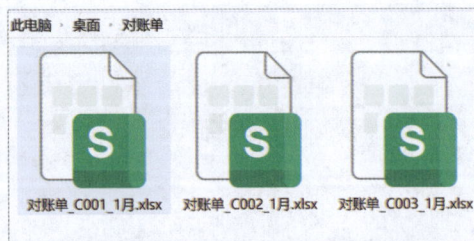

图 6-10　桌面新建文件夹中的客户对账单

打开其中一份对账单，效果如图 6-11 所示。

▲	A	B	C	D	E	F
1	客户ID	销售日期	产品名称	销售数量	单价	销售金额
2	C001	1/10	办公椅	10	200	2000
3	C001	1/18	文件柜	2	600	1200
4						3200

图 6-11　C001 客户对账单

这样，财务人员就不用逐个去筛选、复制、粘贴订单信息，Python 脚本可以一次性搞定大量对账单的拆分和输出。

若想加一些判断逻辑，如 "当月订单数 <2 就不生成对账单"，可在与 AI 对话时提出额外要求，让它改进脚本。

任务 02　批量生成图表

之前在 "定向绘制财务图表" 一节中，我们就介绍过用 Python 生成柱形图这一功能，但当时只是生成了一张柱形图。事实上，只要稍微修改一下代码，就能瞬间生成几十张、几百张柱形图，恰好契合了需要制作大量图表的工作场景。

这里以表 6-2 中的月度费用表为例，在对话式 AI 工具的对话框中输入：

"我有一张月度费用表在电脑桌面，请编写一段 Python 脚本，帮我按照日期生成 5 张柱形图，展示每天的各项费用，并在桌面新建一个 '柱形图' 文件夹，把生成的柱形图保存进去，每张柱形图以日期命名。"

DeepSeek 生成的代码如图 6-12 所示。

```python                                                         复制
import pandas as pd
import matplotlib.pyplot as plt
import os

# 基础设置
desktop = os.path.join(os.environ['USERPROFILE'], 'Deskto
p')
df = pd.read_excel(f'{desktop}/月度费用表.xlsx')  # 支持xlsx/
csv
os.makedirs(f'{desktop}/柱形图', exist_ok=True)

# 中文显示配置
plt.rcParams['font.sans-serif'] = ['SimHei', 'Microsoft YaH
ei', 'WenQuanYi Zen Hei']  # 多字体备选
plt.rcParams['axes.unicode_minus'] = False

# 绘图函数
for _, row in df.iterrows():
    date = row['日期'].strftime('%Y%m%d')
    plt.figure(figsize=(10,5))
    bars = plt.bar(row.index[1:], row[1:])
    [plt.text(b.get_x()+0.4, b.get_height(), f'{b.get_heigh
t():.0f}', ha='center') for b in bars]
    plt.title(f'{date} 费用明细', pad=20)
    plt.tight_layout()
    plt.savefig(f'{desktop}/柱形图/{date}.png', dpi=120)
    plt.close()

print(f'生成完成! 共 {len(df)} 张图表')
```

图 6-12　DeepSeek 生成批量制作柱形图代码

运行脚本后，桌面上会新建一个"柱形图"文件夹，里面有 5 张 PNG 格式的图片，如图 6-13 所示。

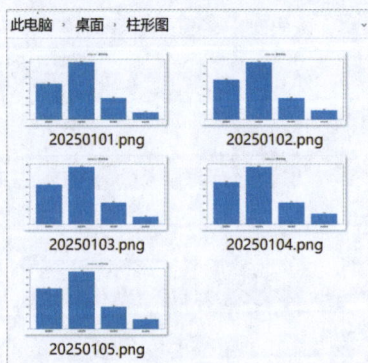

图 6-13　费用柱形图

使用任意图片查看器都可以对这些柱形图进行查看，如果有需要，也可以将其插入 Word 或 PPT 中进行汇报。

○ 【复盘总结】

在这一节里，我们用"批量拆分生成客户对账单"和"批量制作柱形图"这两个示例展现了对话式 AI 与 Python 融合所带来的高效与灵活。

对话式 AI 擅长理解并生成文本内容，却无法直接替我们在本地对千行万行的数据进行操作；Python 可以高效处理海量数据，但写脚本的门槛让很多财务人望而却步。两者一结合，先由 AI 充当"翻译员"，把自然语言命令转化为具体的代码，接着由财务人员将代码复制粘贴到运行环境里，就能一次性处理十几甚至数百个文件，所有对账单、图表都会整齐地输出在指定文件夹，实现了"少人工、少出错、多产出"的目标。

以上办公思路还适用于拆分工资表、制作固定资产卡片、仓库盘点、合并多表等需要批量完成的工作任务。

而且，这些脚本在跑完之后还可以灵活扩展或二次修改。假如又出现新需求，如"统计每位客户的退货信息""在图表中加一条前年同期对比线"，财务人员完全不必自己重新写代码，只要回到对话式 AI 那里再说几句，要求 AI 在代码中加上指定逻辑，就会得到一个更新版本的脚本。这样的迭代速度远高于传统财务软件固化的模板，让财务人员在面对不断变化的工作需求时能够快速响应，少了以往长时间的反复尝试。

或许在不远的将来，"AI+Python"模式的普及会将整个财务流程朝着全流程数字化目标推进一大步，为企业建立起更高效、更准确、更敏捷的财务生态。